DAS MYSTISCHE LEBEN JESU

A·M·O·R·C BÜCHER

DAS MYSTISCHE LEBEN JESU

von

H. Spencer Lewis

Diese Ausgabe wird herausgegeben vom Verlag
AMORC-Bücher, D-76527 Baden-Baden
3. Auflage 2006

AMORC-Bücher
Lange Straße 69, D-76527 Baden-Baden
www.amorc-buecher.de
ISBN 3-925972-44-7

Inhaltsverzeichnis

Vorwort

Die größten Geheimnisse der Menschheit sind nach wie vor trotz aller hohen und beachtenswerten wissenschaftlichen Entdeckungen verborgen. Von Zeit zu Zeit aber werden Teile des großen Ganzen offenbar. Dies geschieht in der Regel zu einer Zeit, in der die Menschheit einer Offenbarung bedarf. Dem Wort „Geheimnis" wohnt die Bedeutung von Heimkehr inne, was soviel bedeutet, dass ein solches Geheimnis etwas von der geistigen Heimat der Menschheit offenbart. Schon wenn der Mensch durch die Geburt in das irdische Leben eintaucht, hat ihm die geistige Ebene einen Schleier um seine ganzheitliche Existenz gelegt. Dies muss so sein, sagen die großen Mystiker der Vergangenheit, da sie sonst ihr Leben nicht unbeeinflusst, lediglich durch die bisherige Reife ihrer Seele durchlaufen könnten. Je weiter aber die mystische Reife einer Persönlichkeit fortschreitet, umsomehr kann der Mensch auch Einblick in diese andere Seite seiner Welt und seiner Existenz erhalten. Die Weisheits-Schulen, wie A.M.O.R.C. eine ist, können ihm den Weg dazu ebnen.

Zu allen Zeiten gab es hohe Seelen-Persönlichkeiten, die durch das höchste Bewusstsein, das sie erreicht haben, über die geistige Schau verfügten und durch sie zu Wegweisern für die Menschheit werden konnten. Es genügt aber nicht, nur die geistige Schau alleine zu haben, wenn man nicht zugleich die Weisheit einer hohen Persönlichkeit besitzt, die weiß, wie sie das Erschaute zum Segen für die Menschheit umsetzen kann. Freiheit und Verantwortung bedingen sich immer gegenseitig, denn Freiheit über sich selbst bedeutet auch Verantwortung dafür zu haben, was man durch diese Freiheit bewirkt.

Hohe mystische Meister werden in der Mystik als Adepten bezeichnet – jene, welche den Zugang zu den kosmischen Wahrheiten gefunden haben und sich nunmehr über ihr Über-Selbst den höchsten Erfahrungen zuwenden, um daran weiter zu reifen und ihre Umgebung sinnvoll daran teilhaben zu lassen, so, dass auch andere daran reifen können.

Ein Avatar aber hat die Stufe des Adepten weit überschritten und ist durch sein Wirken während Äonen von Zeiten zu einem Kosmischen Meister aufgestiegen, der im kosmischen Raum zum Segen nicht nur für einzelne Menschen, sondern für die gesamte Menschheit wirkt.

Dieses Buch „Das Mystische Leben Jesu“ beschreibt das Leben und Wirken von Meister Jesus, dem Christus, dessen Wirken in den Archiven der Rosenkreuzer aufbewahrt ist. Wie kein anderer war er mit dem Göttlichen Bewusstsein verbunden, was ihn zu dem hohen Ausspruch befähigte: „Ich und der Vater sind Eins“. Er erhielt die höchste Weihe, die auf Erden einem mystischen Meister zuteil werden kann: die Christus-Würde.

Die Lehre und das Wirken dieses hohen Meisters hat über die Jahrtausende Menschen aller Kulturen bewegt, Religionen entstehen lassen. Allgemein wird Jesus als der größte jener Meister angesehen, die auf Erden gewirkt haben. Für die Rosenkreuzer ist seine Lehre und sein Weg von überragender Bedeutung, denn er ging aus jener Gemeinschaft hervor, die zur Tradition der Rosenkreuzer gehört: den Essenern. Vieles wurde über die Essener in den letzten Jahrzehnten geschrieben – über ihre Lehren, Ziele und ihr Heilwesen, was bis heute ein Bestandteil der rosenkreuzerischen Belehrungen ist. In das Interesse der Welt-Öffentlichkeit gelangten sie vor allem, als man dic Schriftrollen in den Höhlen von Qu’mram entdeckte, wenngleich deren Inhalt nicht jene Sensation brachte, die man erwartete. Die tatsächlichen Lehren der Essener, die von hoher Weisheit und Liebes-Fähigkeit getragen sind, blieben bis heute unveröffentlicht, sind aber Teil des rosenkreuzerischen Lehrplans. Sie waren eine Gemeinschaft, die zusammen mit den Therapeuten im antiken Griechenland ihr Leben der hohen Lehre und dem Heilen der Menschen weihten. Mit ihnen verbunden waren die irdischen Eltern Jesu. In dieser Essener-Gemeinschaft wurde lange das Erscheinen eines hohen Avatars angekündigt, und man bereitete sich darauf vor. Die Prophezeihungen erfüllten sich mit der Geburt des kleinen Josef, der später Jesus genannt wurde. Die Überlieferung in den Archiven des A.M.O.R.C. weicht von den allseits bekannten Darstellungen teilweise ab. Ausführlich finden wir darin auch eine Beschreibung jener Zeit wieder, die zwischen seinem Auftreten in der Synagoge mit 12 Jahren und seiner Rückkehr nach Jerusalem liegt. Anders als in den offiziellen Darstellungen finden wir auch sein Wirken nach der Kreuzigung beschrieben, wobei nach den alten Rosenkreuzer-Aufzeichnungen sein Wirken noch sehr lange andauerte, wenngleich er nicht mehr in der Öffentlichkeit auftrat. Hochbetagt schritt er durch die Transition* (starb) und verabschiedete sich von seinem großen irdischen Wirken.

Der Autor dieses Buches war selbst Präsident und Imperator des A.M.O.R.C. sowie ein Initiator, der beauftragt wurde, zu Beginn des 20. Jahrhunderts die Rosenkreuzer-Lehren unter dem Namen A.M.O.R.C. neu zu aktivieren. Die ihm übergebenen Archiv-Aufzeichnungen fanden bei ihm eine so hohe Begeisterung, dass er selbst lange forschte und die entsprechenden Länder bereiste, um die Aufzeichnungen bestätigt zu finden. Seine Entdeckungen, die dieses Buch bereichern, sind oft von großen Überraschungen begleitet gewesen, wie sehr doch die Forschungen die Aufzeichnungen bestätigten und vieles mehr. Schließlich enthüllten seine Reisen Dinge aus dem Leben Jesu, die erst sehr viel später von der wissenschaftlichen Forschung bestätigt werden konnten.

Der Verlag AMORC-Bücher hält es für notwendig, diese Aufzeichnungen an den interessierten Suchenden nach den höheren Wahrheiten des Lebens weiterzugeben. Es sind jene Überlieferungen, die keinen Anspruch auf Besser-Wisserei haben, was nicht rosenkreuzerisch wäre. Ganz bewusst wurden sie auch frei von dogmatischen Behauptungen gehalten, da dies den Rosenkreuzern fern steht. Doch sehen es die Verantwortlichen des A.M.O.R.C. aufgrund der rosenkreuzerischen Tradition heute als ihre Pflicht an, den Suchenden diese Aufzeichnungen bereitzustellen. Gemäß der hohen Toleranz, welche die Rosenkreuzer zu ihren höchsten Prinzipien zählen, möge jeder selbst prüfen und für sich jene Erkenntnisse daraus ziehen, die ihm auf dem Weg der Wahrheits-Findung über die Geheimnisse unserer Welt und der Entwicklung der Menschheit hilfreich sein mögen.

Wir wünschen den geneigten und hoch geschätzten Lesern dieses Buches genügend Zeit der Muße, sich vom Lärm der Welt zeitweise zurückzuziehen und – frei von Vorurteilen – diese Überlieferungen zu lesen. Muße mögen Sie schon deshalb haben, weil man nur so auch „zwischen den Zeilen" entnehmen kann, was dieses Buch an hoher Erkenntnis weitergeben möchte.

Der Herausgeber

* Transition nennen die Lehren des A.M.O.R.C. das Überschreiten der Schwelle am Ende des Lebens von der irdischen Ebene zur geistigen. Für die Rosenkreuzer ist der irdische Tod nur ein Ende des körperlichen Daseins. Die Seele und die ihr zugehörige Seelen-Persönlichkeit aber überschreiten die Schwelle zu einem höheren Sein, um von dort, wenn die Zeit gekommen ist, wieder zurückzukehren und die Entwicklung auf der irdischen Ebene fortzusetzen.

DAS MYSTISCHE LEBEN JESU

von
H. Spencer Lewis

Die Expedition des Autors in Ägypten

Die Festhalle der Essener

In Jordanien – im Hintergrund ist die Küste des Toten Meeres zu sehen – befinden sich die Ruinen der Festhalle der alten, mystischen Bruderschaft der Essener. Nicht weit von dieser einst blühenden Kolonie sind die Höhlen, in denen die berühmten Schriftrollen vom Toten Meer aufbewahrt wurden.

Die Höhle der Schriftrollen vom Toten Meer

In der bekannten Höhle Nr. 4 in Qumran, Jordanien, zeigt ein Offizier der Königlichen Regierung von Jordanien auf den Spalt, wo das Versteck der Schriftrollen vom Toten Meer gefunden wurde. In seiner Begleitung befindet sich ein Filmtechniker des A.M.O.R.C.

Einführung

Wenn im Lebensbild eines bedeutenden Menschen Wahrheit und Dichtung miteinander verwoben sind, so ist für den forschenden Geist die Wahrheit meist interessanter als das Gebilde der Fantasie, das die Wirklichkeit umrankt. Dies gilt in Hinsicht auf die Lebensgeschichte Jesu in ganz besonderem Maße. Vielleicht ist es dem kosmischen Zyklus, den die Menschheit durchschreitet, zuzuschreiben, vielleicht auch nur durch die höhere geistige Entwicklung der Menschen bedingt, dass man sich mit dem Leben des großen Erlösers zur Zeit mehr befasst als zu irgend einer anderen Epoche der Zivilisation seit der Entstehung des Christentums.

Während der letzten 25 Jahre habe ich viele Menschen kennen gelernt, die nach einer spirituellen Lebensführung streben. Dabei habe ich erkannt, dass insbesondere der Studierende der Mystik, der Metaphysik, der Psychologie und des Okkultismus zu einer genaueren, analytischeren Betrachtung des Lebens und der Lehren Jesu neigt. Das Leben Jesu, seine Lehren, Gleichnisse, Wunder und erleuchtenden Erkenntnisse berühren das Seelische jedes Schülers der Mystik, faszinieren ihn und lassen ihn nicht zur Ruhe kommen, bis er die Geheimnisse des Lebens Jesu ergründet hat.

Dieses Buch wurde geschrieben, um nachzuweisen, dass Geheimnisse aller Art im Leben Jesu eine Rolle spielen. Trotz langjähriger, sorgfältiger Studien und Forschungen und einer Reise nach den heiligen und mystischen Stätten Europas, Palästinas und Ägyptens kann ich nicht beurteilen, ob die Kirchenväter, welche die unvollkommenen, teilweise irrtümlichen und verschleierten Berichte der christlichen Bibel über das Leben Jesu als wahr anerkannten, dies zu Recht taten oder nicht. Ohne Zweifel ist auch heute noch nicht jeder in der Lage, die geheimnisvolle Bedeutung der meisten mit dem

Urchristentum verbundenen Mysterien umfassend zu begreifen. Dass es jedoch tausende, vielleicht sogar Millionen gibt, die zur Aufnahme der Wahrheit fähig sind, ist nicht zu leugnen. Immerhin stellen diese nur einen kleinen Teil derer dar, die Frieden und Heil in den Lehren der christlichen Kirche gefunden haben.

Manche werden in rechtgläubiger Aufrichtigkeit einiges, was in diesem Buch geboten wird, verwerfen. Diesen sage ich: „Haltet am Guten fest! Wenn euer Glaubensbekenntnis, euer Wissen und eure Überzeugung von der Richtigkeit der christlichen Anschauung euch befriedigen und sich kein innerer Drang geltend macht, Verborgenes zu erforschen, dann unterlasst dies und verhindert, dass die Verehrung und Anbetung eures Herrn und Heilandes irgendwie geschwächt oder vermindert wird.“

Denen, die glauben, dass eine gründlichere Auskunft über Jesus, den Sohn Gottes, den Meister, den Avatar und Mystiker, ihn ihrem Herzen noch näher bringen wird, und denen, die fühlen, dass ihr Inneres eine Aufklärung der Geheimnisse seiner Botschaft verlangt, empfehle ich die Kapitel des „Mystischen Lebens Jesu“ als eine umfassende Darstellung von Tatsachen, die lange Zeit von einigen wenigen geheim gehalten wurden, nunmehr aber breitere Beachtung verdienen.

Die Geschichte des Lebens und der Botschaft Jesu, wie sie in diesem Buch geboten wird, ist keiner Konfession verpflichtet.

Meine Erfahrung lehrt, dass Jesus, wie er in dieser Darstellung gezeigt wird, für Juden wie Nichtjuden, Katholiken wie Protestanten, annehmbar ist. In Anbetracht der religiösen Kämpfe unserer Zeit und der tiefen Beunruhigung über die zahllosen Menschen, die keine Kirche besuchen und ihr religiöses Interesse sichtlich verlieren, kann ich mit Freude und Bestimmtheit sagen, dass sie in diesem Buche eine Lösung ihrer religiösen Probleme und eine Anregung finden werden, die Bibel wieder zu lesen und ihr ablehnendes Verhalten der Kirche gegenüber noch einmal zu überdenken. Ich weiß bestimmt, dass man dies tun wird, denn wegen meiner offiziellen Stellung bin ich täglich in Berührung mit vielen Menschen in Nordamerika und in anderen Ländern, die meine Behauptung bestätigen. Dasselbe konnte ich in öffentlichen Vorträgen, die ich seit zwölf Jahren in ganz Amerika halte, in persönlichen Unterredungen mit geistig Strebenden und auf meinen Reisen in fremden Ländern beobachten. Auszüge aus Kapiteln des Buches wurden in öffentlichen Diskussionen behandelt, besonders interessante Tatsachen in engeren Zirkeln besprochen oder in persönlichen Gesprächen geklärt. Das Ergebnis war immer ein Aufleben des Interesses am Leben und an den Lehren Jesu und allgemein die glückliche Erkenntnis, dass man Jesus und seine Lehren auch im Lichte der neueren Offenbarungen annehmen konnte.

Der Inhalt dieses Buches ist nicht irgendwelchen jüngst entdeckten Manuskripten, Schriften oder Urkunden entnommen; es kann auch nicht behauptet werden, dass die hier geschilderten Tatsachen etwas Neues darstellen. Sie enthalten nichts, was den heiligen Vätern der frühchristlichen Kirche, den hervorragendsten Autoren und Gelehrten der Geisteswissenschaften oder berühmten Mystikern vieler Länder unbekannt gewesen wäre.

Die Archive der Rosenkreuzer in den USA, welche die Dokumente der Essener, der Nazarener und der Nazariten und auch die vollständigen Dokumente der „Großen Weißen Bruderschaft" in Tibet, Indien und Ägypten enthalten, sind immer eine Wissensquelle für den ernsten Forscher der Lebensgeschichte eines jeden Avatars, namentlich aber der Geschichte Jesu, gewesen. Dieser zuverlässigen Quelle sind die Tatsachen dieses Buches entnommen. Hierzu waren jahrelange Arbeit, ein unermüdliches Studium und treue Hingabe notwendig.

Wo irgend möglich, wurden Echtheitsnachweise von Schriften und Dokumenten der ersten Kirchenväter, Historiker und Archivare eingeholt. Auch wurden Auszüge aus Schriften der Juden und, wo es sinnvoll war, auch der so genannten Heiden vorgenommen. Solche Stellen sind klar angegeben.

Ich möchte bei dieser Gelegenheit allen jenen danken, die in den verflossenen Jahren Teile meiner Schriften sorgfältig geprüft und meine Aufmerksamkeit auf weitere Punkte gelenkt haben. Ferner danke ich den Teilnehmern meiner in den Monaten Januar, Februar und März dieses Jahres unternommenen Reise nach dem Osten, die mich und meinen Sekretär bei meinen Nachforschungen unterstützten, damit ich alle für die persönliche Bestätigung der wichtigen Behauptungen dieses Buches nötigen Erkundigungen einholen konnte. Es war ein gutes Beginnen, und ich hoffe, es möge ein jeder Mithelfer für seine Mühe eine Belohnung in diesem Buche finden, das ich meinen Mitarbeitern widme.

H. Spencer Lewis
Rosicrucian Park, San Jose, California,
15.April 1929.

1. Kapitel

Das Geheimnis der Essener

Um die wahre Geschichte der Geburt und der Taten des Meisters Jesus vollständig verstehen und würdigen zu können, muss man die damals bestehenden Gesellschaften und Schulen kennen, die zur Vorbereitung seiner Ankunft beitrugen.

Während der letzten Jahrhunderte wurden zahlreiche Aufzeichnungen in heiligen Schriften entdeckt, die von der „Essener-Bruderschaftt" und ihrer Tätigkeit in Palästina unmittelbar vor der Geburt und während der Lebenszeit des Meisters Jesus berichteten. Viele dieser Aufzeichnungen über die Essener stimmen mit den Aussagen hervorragender Historiker wie Philo und Josephus überein und klären eine ganze Reihe geheimnisvoller Andeutungen in den heiligen Schriften der Hebräer und in der christlichen Bibel auf.

Die Möglichkeit von Beziehungen zwischen der „Essener-Bruderschaft" und dem Frühchristentum hat nicht nur das Interesse von hervorragenden Geistlichen und Bibelforschern erregt, sondern auch bei vielen Forschern der mystischen Literatur die Frage laut werden lassen: „Warum ist die wahre Geschichte der Essener der Öffentlichkeit vorenthalten worden?" Die Antwort auf diese Frage ist sehr einfach. Die mit der Geschichte der „Essener-Bruderschaft" Vertrauten hüllten sie absichtlich ins Dunkel, um ihre Lehre und ihr Werk vor öffentlichen Diskussionen, eventueller Kritik und dem Spott derjenigen Forscher und Bekenner des orthodoxen Christentums zu schützen, die damals so emsig bestrebt waren, Christus und das Christentum noch mehr mit Geheimnissen zu umhüllen.

Die Urkunden der Rosenkreuzer wiesen immer genügende und umfassende Einzelheiten der Geschichte und Tätigkeit der „Essener-Bruderschaft" auf. Keinem Eingeweihten des Rosenkreuzer-Ordens, keinem wirklichen Forscher der alten Mysterien, der würdig befunden wurde, diese alten Schriften zu studieren, blieb die Geschichte der Essener verborgen. Es gibt allen Grund, heute den Schleier zu lüften, Verborgenes zu offenbaren und es der Öffentlichkeit bekannt zu geben. Der Fortschritt im Studium okkulter Literatur sowie die freiere Lebens- und Weltanschauung des durchschnittlich gebildeten Anhängers der spirituellen und mystischen Fächer rechtfertigen die Veröffentlichungen.*

Es ist zunächst notwendig, einen kurzen Abriss über die essenische Vereinigung zu geben. Die Essener bildeten einen Zweig der „Erleuchteten Bruderschaft" oder der „Großen Weißen Loge", welche im Lande Ägypten, wenige Jahre vor der Herrschaft des Echnaton, errichtet wurde. Der Begründer der ersten monotheistischen Religion unterstützte und förderte die Bestrebungen dieser Geheimbruderschaft zur Ergründung der mystischen Wahrheiten des Lebens aufs eifrigste.

Die verschiedenen geheimen Schulen Ägyptens, welche unter seiner Leitung standen und die „Große Weiße Bruderschaft" verkörperten, nahmen nach ihrer Verbreitung in die verschiedenen Teile der Welt gemäß der Sprache eines Landes und der Art des allgemeinen religiösen oder geistigen Empfindens der Menschen unterschiedliche Namen an. So finden wir, dass sich die Mitglieder dieser Bruderschaft in Alexandria „Essener" nannten. Sprachgelehrte haben intensiv nach der Herkunft und der Bedeutung dieses Wortes geforscht. Die zahlreichen unbefriedigenden Erklärungsversuche beweisen, dass beträchtliche Meinungsverschiedenheiten vorhanden sind.

Richtig ist, dass das Wort von dem ägyptischen „kaschai", d.i. „geheim", abgeleitet wurde. Ferner hat das ähnlich klingende „chsahi"

---

* *Anmerkungen des Herausgebers:*

Archäologische Entdeckungen aus dem Jahr 1946 – etwa 17 Jahre nach der Niederschrift dieses Kapitels – erweitern unser Wissen über die Essener beträchtlich und bestätigen die Angaben dieses Buches über sie. Siehe dazu den Aufsatz von Edmund Wilson in der Zeitschrift The New Yorker vom 14. Mai 1955 sowie sein Buch Scrolls from the Dead Sea, herausgegeben von der Oxford University Press, New York und Toronto, 1955.

dieselbe Bedeutung, „geheim“ oder „verschwiegen. Und dieses Wort wurde einfach übersetzt in „essaios“, Essaier“ oder „Essener“, das heißt „geheim“ oder mystisch“. Auch Josephus fand, dass das Wort „chosen“ als Ausdruck der ägyptischen Symbole für Licht und Wahrheit, in die griechische Sprache übersetzt, „Essen“ ergibt. Die Priester im alten Tempel zu Ephesus wurden „Essener“ genannt, wie uns die Geschichte des Altertums lehrt. Ein von den Griechen gegründeter Zweig der Organisation übertrug das aus dem Syrischen übernommene Wort „asaya“, „Arzt“, in das griechische Wort „therapeutes“, das dieselbe Bedeutung hat.

Aus den Urkunden der Rosenkreuzer geht deutlich hervor, dass das ursprüngliche Wort eine geheime Bruderschaft bedeutete, deren Mitglieder vielfach Heilkundige waren. Diese Vereinigung hatte neben der Heilkunde noch andere humanitäre Interessen.

Die Verbreitung der Organisation in den Nachbarländern Ägyptens geschah allmählich und entsprechend der kulturellen Entwicklung dieser Völker. Nach geraumer Zeit entwickelte sich die „Essener-Bruderschaft“ zu einer ganz bestimmten Abteilung der „Großen Weißen Bruderschaft“, die den äußeren Wirkungskreis darstellte und einer Akademie der Wissenschaften und des Unterrichtes entsprach. Auf diese Weise erhielt die „Essener-Bruderschaft“ – eine rührige Schar – einige Jahrhunderte vor dem Entstehen der christlichen Zeitrechnung zwei Hauptsitze, einen in Ägypten an den Ufern des Moeris-Sees, wo der berühmte Meister Moria-El, der Erlauchte, in seiner ersten uns bekannten Reinkarnation geboren, erzogen und für seine bedeutende Mission vorbereitet wurde und später die Prinzipien und Gesetze der Taufe als einen geistigen Schritt der Einweihung schuf. Der andere Hauptsitz der „Essener-Bruderschaft“ wurde ursprünglich zu Engaddi in Palästina, nahe dem Toten Meer, gegründet.

Viele Aufzeichnungen über diese beiden Niederlassungen habe ich in den Urkunden der Rosenkreuzer gefunden und davon die folgenden als die interessantesten und genauesten in ihrer Beziehung zum mystischen Leben Jesu ausgewählt.

Die Bruderschaft in Palästina hatte die Gewaltherrschaft der Regenten und den Argwohn der Priester des Landes zu ertragen.

Diese Umstände zwangen die Essener in Palästina zu grösserer Schweigsamkeit und Zurückgezogenheit, als sie es in Ägypten gewohnt waren. Vor ihrer Übersiedlung aus ihren kleinen Hütten und den geweihten Stätten zu Engaddi nach den alten Gebäuden auf dem Berge Karmel bestand ihre Hauptbeschäftigung wahrscheinlich in der Übersetzung alter Schriften und in der Aufrechterhaltung der traditionellen Sitten und Gebräuche, die die Grundlage ihrer Lehren bildeten. Es ist überliefert, dass zur Zeit ihrer Übersiedlung von Engaddi nach dem Berge Karmel die geheime Beförderung dieser Schriften und Dokumente ihre größte Sorge war. Zum Glück gelang es ihnen, diese seltenen, von Ägypten herrührenden Manuskripte für uns zu retten; denn durch sie erhalten wir Kenntnisse über die Essener und die „Große Weiße Bruderschaft“. Eine Schilderung ihrer Lebensweise, ihres Glaubens und ihrer Lehren ist zweifellos für jeden Geisteswissenschaftler und Forscher spiritueller Literatur von größtem Interesse.

Jedes Mitglied der Essener in Ägypten oder Palästina und der Therapeutes“, wie sie in anderen Ländern genannt wurden, mussten reiner Abstammung sein. Dieser Punkt ist sehr „,wesentlich hinsichtlich der Tatsachen, welche über die Geburt und das Leben des Meisters Jesus enthüllt werden. Die Essener forschten in den Avestaschriften, befolgten deren Prinzipien und legten infolgedessen großen Wert auf einen gesunden Körper und gut entwickelte geistige Fähigkeiten. Damit jemand Adept der Essener-Bruderschaft werden konnte, musste er von Kindheit an von besonderen Lehrern vorbereitet werden, seinen Körper gesund halten und den Nachweis bestimmter geistiger Fähigkeiten erbringen. Jedem erwachsenen Kandidaten, der am täglichen Mahl im Hause der Bruderschaft teilnehmen durfte, wurde bei der Einweihung eine bestimmte Mission für sein Leben übertragen, und diese musste ungeachtet aller Hindernisse und Versuchungen und ohne Rücksicht auf sein eigenes Leben erfüllt werden. Einige wurden Ärzte oder Heilkundige, andere Handwerker, Lehrer, Missionare, Übersetzer, Schriftgelehrte usw. Alle weltlichen Besitztümer wurden beim Eintritt abgeliefert und davon nur die notwendigsten Bedürfnisse bestritten. Die einfache Lebensweise, frei von der Vergnügungssucht des Volkes, hatte zur Folge, dass Geldausgaben kaum nötig waren, und nur in den seltensten Fällen die Mittel der Bruderschaft gebraucht wurden. Sofort nach der Einweihung bekam jedes Mitglied eine weiße, aus einem Stück und gleichem Stoff angefertigte Robe. Man ging barfuß, und nur wenn das Wetter oder andere Umstände es erforderten, trug man Sandalen. Die Kleidung wich von der üblichen Tracht ab und war einzig in ihrer Art, sodass die Essener im Volke als die „Brüder im weißen Gewand" bekannt waren. Die Bezeichnung „Essener" war nicht allgemein verbreitet und nur den Gelehrten geläufig. Daher war sowohl im Alltagsleben als auch in den Schriften dieser Zeit von den Essenern wenig die Rede.

Die Essener wohnten in gepflegten Häusern, gewöhnlich innerhalb einer ruhigen, geschützten Anlage, in einer Gemeinschaft, beieinander. Ihre gesamten Angelegenheiten wurden von einem Richterausschuss oder einer Ratsversammlung geregelt. Diese zählte hundert Mitglieder und kam wöchentlich ein Mal zusammen, um die Tätigkeit der Organisation zu ordnen und Tätigkeitsberichte der Mitglieder entgegenzunehmen.

Alle Meinungsverschiedenheiten, alle Klagen, alle Prüfungen und Untersuchungen wurden diesem Senat vorgebracht. Eine seiner Vorschriften deutet an, dass sie immer vorsichtig im Meinungsaustausch waren, sowohl untereinander als auch besonders denjenigen gegenüber, die nicht zur Vereinigung gehörten. Nie kritisierten sie die Lebensweise und die Handlungen der Menschen, sondern versuchten, zu bessern und zu helfen. Auch hielten sie fest an ihrem Gesetz: „Richte nicht, auf dass du nicht gerichtet werdest!"

Wir führen im nachfolgenden einige Artikel ihres Glaubensbekenntnisses, wie es in altüberlieferten Schriften aufgezeichnet ist, an. Wenn auch der Wortlaut dieser Abschnitte des Bekenntnisses in den verschiedenen Zweigen der Essener Organisation etwas von einander abweicht, so beruhen die Artikel doch zweifellos auf dem Bekenntnis, das die „Große Weiße Bruderschaft" zur Zeit der Errichtung der Essener Vereinigung angenommen hat.

I.

Gott ist das Urprinzip. Sein Wesen offenbart sich dem äußeren Menschen nur durch die Materie. Gott ist keine Person, noch erscheint Er dem äußeren Menschen in Form einer Wolke oder Lichtgestalt. (Bemerke die Ähnlichkeit dieses Absatzes mit der Darlegung in Johannes IV, 24 „Gott ist der Geist und die Ihn anbeten, müssen Ihn im Geist und in der Wahrheit anbeten.“)

II.

Macht und Ruhm der Herrschaft Gottes werden weder erhöht noch erniedrigt durch den Glauben oder Unglauben der Menschen; Gott hebt seine Gesetze der Menschheit zuliebe nicht auf.

III.

Das „Ich“ im Menschen ist von Gott und ist eins mit Gott – demzufolge unsterblich und ewig.

IV.

Die Formen von Mann und Frau sind Kundgebungen des Wesens Gottes, aber Gott offenbart sich nicht in Menschengestalt.

V.

Der Körper des Menschen ist der Tempel der Seele, durch den uns die Schöpfungen und Entwicklungen Gottes offenbar werden.

VI.

Zur Zeit des Todes, der Trennung von Seele und Körper, tritt die Seele in den geheimnisvollen Zustand ein, wo irdische Dinge keinen Reiz mehr ausüben, sondern der sanfte Hauch und die Allmacht des Heiligen Geistes den Müden und Sorgenvollen, die einer ungewissen Zukunft entgegensehen, Erquik-

kung und Trost bringen. Diejenigen aber, die es unterlassen haben, Gottes Gaben und Wohltaten zu erkennen und die den Befehlen des Versuchers, der falschen Propheten und den verführerischen Lehren der Gottlosen folgten, verbleiben im Schoße der Erde, bis sie sich von den Banden irdischer Mächte befreit haben und geläutert dem verborgenen Himmelreich zugeführt werden. (Daher der alte mystische Ausdruck „erdgebunden", für diejenigen, die sogar nach dem Tode immer noch Sklaven irdischer Versuchungen bleiben)

VII.

Halte heilig den geweihten Tag der Woche, ruhe von aller Arbeit, wisse, was zu tun und zu lassen ist, damit deine Seele aufsteige zu Gott und sich mit Ihm im Geist verbinde!

VIII.

Schweige still in Streitigkeiten, verachte das Böse und verschließe deine Ohren vor den Gotteslästerern, (Dies ist der Ursprung des alten orientalischen Gesetzes: „Sprich nicht, was schlecht ist, sieh nicht, was schlecht ist, hör nicht, was schlecht ist!")

IX.

Halte die heiligen Lehren von Ruchlosen fern, sprich niemals über sie zu denen, die nicht bereit oder fähig sind, sie zu verstehen. Sei immer gewillt, der Welt jene Kenntnisse zu offennbaren, die sie befähigen, Höheres zu erreichen.

X.

Bleibe in aller Freundschaft und in allen brüderlichen Beziehungen bis zum Tode standhaft und missbrauche niemals Macht und Vorrecht, welche zu Vertrauensstellungen bewilligt wurden. Sei freundlich und versöhnlich in allen menschlichen Beziehungen, sogar zu den Feinden deines Glaubens.

Jede Abteilung der Organisation wurde von Verwaltern beaufsichtigt, welche die geschäftlichen Angelegenheiten zu erledigen und die Einkünfte eines jeden Mitgliedes dem allgemeinen Fonds zuzuführen hatten. Dieser allgemeine Fonds wurde „Armen-Fonds“ genannt und diente zur Milderung der Not der Bedürftigen in jedem Lande. Dies erinnert uns an das Wort in Matthäus XIX, 21: „Verkaufe, was du hast und gib den Erlös den Armen. (...) Dann komm und folge mir nach!“

Hospize wurden von den Essenern in den verschiedensten Gemeinden errichtet, um besonders bei Hungersnot und Krankheiten für Arme und Kranke Sorge tragen zu können. Man nannte diese Plätze „Bethsaida“. In dieser Seite ihrer Arbeit finden wir den Ursprung der Hospize und Hospitäler, welche einige Jahrhunderte später sehr bekannt wurden. Ein besonderer Stab von Arbeitern, Pfleger genannt, arbeitete dort. Hier entstand ein anderer Zweig der Bruderschaft, der später eine mehr oder weniger eigenständige Vereinigung darstellte. Ferner errichteten die Essener in den verschiedenen Gemeinden Obdachlosenasyle. Am Eingang der meisten Städte hatten sie eine Unterkunftsstätte, genannt Pforte, wo Fremde, Hungrige oder Rat Suchende vorübergehend aufgenommen wurden. Bei Ausgrabungen in Jerusalem stieß man vor kurzem auf ein Tor, das als „Essener-Tor“ oder „Essener-Pforte“ bekannt war.

Die Essener lebten nicht gern in den Städten und gründeten daher für sich kleine Ortschaften außerhalb der Mauern oder der Grenze der Stadt, in der sie zu wirken pflegten. Jedes Mitglied hatte sein eigenes kleines Haus mit einem Garten. Die Unverheirateten lebten in einem Gemeinschaftshaus. Es war den Essenern nicht verboten, zu heiraten, wie man allgemein annahm, aber ihre Anschauungen über die Ehe waren sehr ideal. Nur jene, die einander wirkliche Freundschaft und aufrichtige Liebe entgegenbrachten, durften mit der Billigung der höheren Ordensbrüder heiraten.

Frauen konnten außerordentliche Mitglieder der Bruderschaft werden, jedoch nur wenige durften an den Studien der hohen Grade teilnehmen; nicht etwa, weil die Essener glaubten, die Frau sei dem Manne in religiösen oder geistigen Fähigkeiten untergeordnet, sondern weil der Essener-Zweig der „Großen Bruderschaft“ im Prinzip eine Organisation von Männern war, die die Arbeiten in der ganzen Gemeinde verrichteten. Die Schwestern, Mütter und Töchter der Männer in der „Essener- Bruderschaft“ durften in der Gemeinde mitwirken. Die nicht verheirateten Frauen und solche, die nicht heiraten wollten, adoptierten sehr häufig Waisenkinder, pflegten sie, als wären es ihre eigenen und vertraten auf diese Art humanitäre Belange der Vereinigung.*

In ihrem Privatleben finden wir keine Dienerschaft, denn dies galt als ungesetzlich. Jeder Haushalt musste von den jeweiligen Familienmitgliedern selbst versorgt werden.

Einige Regeln und Anordnungen, wie wir sie in den überlieferten Rosenkreuzer-Urkunden finden, zeigen uns, dass ihre Anschauungen über Diener und Dienerschaft mit unseren modernen Ansichten übereinstimmen. Wir müssen bedenken, dass in den Tagen, da diese Vorschrift eingeführt wurde, die meisten Diener in wohlhabenden Häusern, bei Königen und Machthabern wie Sklaven gehalten wurden. Bei den Essenern dagegen waren Männer und Frauen absolut frei und Sklaverei und Leibeigenschaft aller Art war streng verboten. In

---

* Die kulturellen Aktivitäten der Mitglieder der Essener-Bruderschaft werden in einem Bericht bestätigt, der in der New York TIMES vom 2. April 1953 erschienen ist. Er beschäftigt sich mit der Entdeckung von wichtigen Manuskripten am Ufer des Toten Meeres, 25 Meilen ostlich von Jerusalem. Wir zitieren: „Der Archäologe (G. Lankester Harding, archäologischer Direktor in Jordanien) sagte, die Schriftrollen seien vor einigen Monaten in einer Höhle in der Nähe der Ruinen einer Siedlung mit dem heutigen Namen Khirbet Qumran gefunden worden. Er fügte hinzu, es sei ziemlich sicher, dass die Siedlung vor etwa 1900 Jahren eine Niederlassung der Essener war, und dass die Schriftrollen aus ihrer Bibliothek stammen. Sie wurden wahrscheinlich zu ihrem Schutz in Höhlen versteckt.“ Zu diesem Freund gehören bis dahin unbekannte Apokryphen sowie „Verhaltensregeln und der Aufbau der Essener-Organisation, (...) die vom 2. Jahrhundert vor Christus bis zum 2. Jahrhundert nach Christus in Palästina wirkte. Die Essener zeichneten sich durch ihre streng asketische Lebensführung, durch gemeinschaftliches Eigentum, Nächstenliebe und Tugendstreben aus.“

der Gemeinde nahmen alle an dem Gemeinschaftswerk teil, und alle hatten von Zeit zu Zeit Gesindearbeit zu verrichten. Die Neuaufgenommenen hatten auf den Feldern zu arbeiten, mitunter auch bei Mahlzeiten der Gemeinschaft oder in Obdachlosenasylen bei Tische zu bedienen.

Wie viele andere Zweige der „Großen Weißen Bruderschaft" willigten auch die Essener niemals in einen Vertrag oder ein Abkommen ein, mit dem man durch einen Eid oder eine Urkunde gebunden war. Man wusste allgemein, dass ihr Wort keines besonderen Abkommens und keines schriftlichen Vertrages bedurfte. Sie hatten für ihr Leben bestimmte Gesetze und Vorschriften, die denjenigen, die mit ihnen in Berührung kamen, wohl bekannt waren. Auch die Machthaber des Landes wussten, dass die Essener nicht zur Abgabe eines Eides zu bewegen waren, aber stets die volle Verantwortung für ihr Wort oder Versprechen trugen. Auch Josephus gab in seiner Schrift über die Essener um 146 v.Chr. an, dass dieselben von dem Zwang zum Untertaneneid durch Herodes befreit waren. Unter keinen Umständen gaben sie ein Versprechen oder schworen irgendetwas im Namen Gottes, denn bei ihnen wie beim jüdischen Volk, das diese Regel von ihnen annahm, wurde der Name Gottes nur in heiliger Weise in den Tempeln genannt und durfte sonst niemals ausgesprochen werden. Bei Meinungsverschiedenheiten mit Fremden hätten die Essener alles aufgeboten und lieber jedes Opfer gebracht, als zu streiten oder Spannungen hervorzurufen. Aus diesem Grunde waren die Essener bei den Pharisäern und anderen religiösen Gemeinschaften in Palästina beliebt, obgleich diese deren religiöse Bräuche heftig kritisierten.

Um die damalige Art des Eides zu kennzeichnen, sei der von den Initiaten abzulegende offizielle Eid, der einzige, der von den Essenern geleistet wurde, hier angeführt. Sie schworen beim Eintritt in den entscheidenden vierten Grad der Einweihung, auf ihre Ehre folgenden Eid:

„Ich verspreche hiermit im Beisein meiner Ältesten und der Brüder des Ordens, immer demütig vor Gott und gerecht zu meinen Mitmenschen zu sein, keinem Geschöpf aus eigenem Willen oder dem

Befehl anderer ein Leid zuzufügen, Gotteslästerung immer zu verabscheuen und Recht und Gerechtigkeit „zu unterstützen, allen Menschen Treue zu bezeugen, ganz besonders meinen Vorgesetzten, niemals die Vorrechte oder die Macht, welche mir bewilligt werden, zu missbrauchen, noch zu versuchen, durch weltliche Prahlerei und Hervorhebung der eigenen geistigen und körperlichen Fähigkeiten andere herabzusetzen. Die Wahrheit soll immer meine Verehrung finden, und ich werde die meiden, die der Unwahrheit dienen. Ich will meine Hände von Diebstahl rein halten und niemals zornige oder unfreundliche Gefühlsausbrüche zulassen. Ich werde niemandem – Würdige ausgenommen – die Geheimlehren unserer Bruderschaft offenbaren, selbst auf die Gefahr hin, mein Leben zu verlieren. Ich werde niemals die Lehren in anderer Form weitergeben, als sie mir gegeben wurden; ich werde zu den Lehren weder Teile hinzufügen noch etwas von ihnen weglassen, sondern werde immer bestrebt sein, sie in ihrer ursprünglichen Form und Reinheit zu erhalten. Ich will für die Bücher und Urkunden unseres Ordens, für den Ruf der Meister, Gesetzgeber und Älteren eintreten.“

Nachdem der Eingeweihte den vierten Grad erreicht und die vorausgegangenen Verpflichtungen erfüllt hatte, durfte er an der gemeinsamen Tafel, dem erhabenen und symbolischen Tagesmahl teilnehmen, bei dem Meditation und Kontemplation sowie Diskussionen über die Probleme der Tätigkeit einen Teil der Zeit in Anspruch nahmen.

Es ist interessant, dass alle Speisen der Essener gemäß den in den alten Dokumenten angegebenen Regeln und Bestimmungen zubereitet wurden. Neben Gemüse und Rohkostnahrung wurde auch Fleisch geboten. Eine Regel war Mäßigung in allen Dingen, so auch im Essen und Trinken. Man kannte keine Üppigkeit und keine Völlerei; Unersättlichkeit und Trunksucht waren ihnen fremd.

Die Essener beteiligten sich selten an öffentlichen Erörterungen, und niemals nahmen sie an religiösen oder politischen Diskussionen teil. Wenn andere sprachen, waren sie meistens schweigsam, und Schweigen schien ihr Motto gewesen zu sein. Im Gebrauch der Stimme waren sie wohlgeübt und gebrauchten die tönenden Laute so geschickt, dass sie durch Übung eine sehr sanfte Aussprache erlangten, sogar in gewöhnlicher Unterhaltung. Aus diesem Grunde wurden sie oft die „sanft sprechenden Männer“ genannt.

Es war ganz natürlich, dass die Essener infolge ihres gepflegten Körpers, ihrer sauberen Kleidung und ihres ruhigen Auftretens anziehende Persönlichkeiten darstellten. Sie entwickelten eine so prächtige Aura, dass diese bei manchen Gelegenheiten auch Uneingeweihten sichtbar wurde und besonders die Juden verwirrte. Denn diesen war die Entwicklung des mystischen Wesens fremd, obwohl ihre eigene Religion und ihre Bräuche viele wunderbare mystische Gesetze enthielten, die allerdings nicht praktisch ausgewertet wurden. Es war bei den Essenern üblich, dass sie sich, bevor sie ein Haus betraten, die Hände und Füße wuschen. Desgleichen reinigten sie sich auch vor einer Feier und vor ihrem täglichen Gebet. In ihren eigenen Häusern weilten sie oft vor dem Altar ihres Heiligtums oder verbrachten die Zeit mit dem Studium seltener Manuskripte und Bücher, welche unter ihnen gemäß dem Grade ihres Fortschrittes zirkulierten. Sie waren außergewöhnlich erfahren in der Astrologie, der elementaren Astronomie, den Naturwissenschaften, der Geometrie, der elementaren Chemie und Alchemie, der vergleichenden Religionswissenschaft, der Mystik und den Naturgesetzen.

Das Auftreten eines Arztes der Essener erregte meist großes Aufsehen unter dem Volke. Die Bewohner von Palästina waren an Heilmethoden gewöhnt, die mit Zauberübungen und Beschwörungen in äußerst hoher Stimme, mit dem Vortrag seltsamer Formeln, mit Schlagen auf rohe Musikinstrumente und dem Gebrauch starker Arzneien ausgeführt wurden. Die Essener hingegen sprachen in aller Ruhe zu ihren Patienten, benutzten bestimmte tönende Laute ohne irgend eine Formel und führten durch bloßes Auflegen der Hand die schwierigsten Heilungen aus. Oft forderten sie ihre Patienten auf, sich in die Stille ihres Heimes zurückzuziehen und zu schlafen, währenddessen die Heilung auf psychische Weise zu Stande gebracht wurde. Alle Essener-Brüder und die an der Vereinigung beteiligten Schwestern versprachen, ihre Kinder nach den Lehren und Grundsätzen des Essener-Glaubens zu erziehen und sie für die Organisation innerlich anzuregen und zu interessieren, bis sie das 12. Lebensjahr erreicht hatten. Dann mussten sie eine Probezeit bestehen, die bis zum 21. Lebensjahr dauerte. Die Frauen bekamen an ihrem 21. Geburtstag die außerordentliche Mitgliedschaft und behielten diese für ihr ganzes Leben, wenn sie sich durch entsprechende Führung würdig erwiesen. Am 21. Geburtstag wurden die Jünglinge zum ersten Ordensgrad zugelassen und erreichten den vierten Grad durchschnittlich im 30. Lebensjahr. Nur selten durfte ein Essener dem Volke predigen oder öffentlich Wunder tun. Wurde diese Erlaubnis einmal erteilt, dann nur, um dem Wohle der Menschen zu dienen. Diejenigen unter der Essener-Bruderschaft, die die meisten Reinkarnationen durchlaufen hatten und daher die Fähigsten waren, wurden zu Führern gewählt. Von Zeit zu Zeit wurde einer von diesen auserkoren, in die Welt hinauszuziehen und um in einem anderen Lande im Geiste der Bruderschaft zu wirken.

Die Essener erwarteten die Ankunft eines mächtigen Heilands, der in der Gemeinschaft ihrer Organisation geboren werden und die Reinkarnation des hervorragendsten ihrer früheren Führer sein sollte. Durch ihr höchstentfaltetes Wissen und ihre innige psychische Fühlung mit dem Kosmos waren sie über kommende Ereignisse gut unterrichtet. Sowohl die Literatur der Essener Bruderschaft als auch die vieler anderer Länder enthält Hinweise auf die Propheten der Essener. Besonders einer namens Menahim wurde dadurch berühmt, dass er die Herrschaft des Herodes voraussagte.

Bei den Essenern war nur eine aufbauende und fördernde berufliche Tätigkeit erlaubt. Wir finden unter ihnen hervorragende Weber, Zimmerleute, Landwirte, Weingärtner, Kaufleute und andere Vertreter von Berufen, die zum Nutzen und zum Wohle des Volkes beitrugen. Niemals aber waren in dieser Vereinigung Handwerker, die sich mit der Herstellung von Waffen befassten.

Meine Leser könnten den Eindruck gewinnen, als ob die Essener-Bruderschaft eine der Sekten Palästinas gewesen sei, weil sie von den Juden und von der Obrigkeit als Sekte bezeichnet wurde. Wir fanden die Essener in kürzlich entdeckten Urkunden häufig als eine der Sekten Palästinas charakterisiert. Es ist kennzeichnend, dass die

Essener von den Juden mehr als religiöse denn als brüderliche oder mystische Vereinigung betrachtet wurden. Jedenfalls galten sie als eine Gruppierung, die im Gegensatz zu den jüdischen Lehren und Bräuchen stand. Unter diesen Umständen war es verständlich, dass die Essener ihre Heimstätten in Gemeinden errichteten, wo andere Anhänger ihrer Organisation lebten und wo sie die ihre Interessen fördernde nachbarliche Freundschaft fanden. Die Essener waren keine Juden von Geburt, waren auch nicht blutsverwandt mit ihnen oder Anhänger der jüdischen Religion. Man betrachtete sie als Ungläubige. Als solche finden wir sie in vielen heiligen Schriften, sogar in der christlichen Bibel, bezeichnet.

2. Kapitel

Die Zeitgenossen Jesu

Um das große Ereignis der Ankunft des Meisters Jesus besser verstehen zu können, muss man die Menschen und die Verhältnisse, mit denen er am Anfang seiner Mission in seinem Geburtsland zu tun hatte, näher betrachten.

Palästina war damals ein Land vieler Nationen, vieler Sprachen und der verschiedenartigsten Interessen. Es war ein Staat unterschiedlichster und unter sich feindseliger Menschen, deren Lebensanschauungen und Lebensbedürfnisse so weit auseinander gingen, dass Friede und Eintracht unter ihnen nicht herrschen konnten. Nicht alle Vertreter jüdischen Glaubens waren Hebräer. Seit der Zeit des Auszuges aus Ägypten hatten sich die Juden durch Berührung mit anderen Völkern vermischt. Deshalb machte sich bald eine ausgedehnte Kastenbildung breit. Sowohl unter den Juden (Hebräern) als auch unter sonstigen Anhängern des jüdischen Glaubens gab es viele, die sich religiös nicht anerkannten und glaubten, dass die Unterscheidungen, die sie einführten, berechtigt und von Gott gewollt seien.

In diesem Volk gab es auch die „Heiden“, deren Tempel rasch zunahmen und deren Rituale und Gebräuche bald vorherrschend wurden. Im Nordosten lebten Nomaden, wilde Völker, ohne Zucht und Ordnung. Die überragende Mehrzahl der Bevölkerung dieses Gebietes aber bestand aus Syrern, Griechen und sonstigen Heiden “. In den östlichen und westlichen Teilen Palästinas wetteiferten die ägyptischen, phönischen und griechischen Rituale um die Vorherrschaft. Im Herzen Palästinas war die griechische Sprache führend und demnach auch der griechische Ritus vorherrschend. Jene Völkerschaften, die den nordöstlichen Abschnitt oder „Ober-Galiläa“ bewohnten, waren als so genannte Ungläubige bekannt. Die Stadt Tiberias war ohne jüdischen Einfluss. Gaza hatte seine eigene Gottheit, Joppe galt den Juden als heidnische Stadt, besonders aber auch Cäsarea. Diese Stadt war in ihren Augen das Ebenbild Roms, das „Rom von Edom“, und sollte daher zerstört werden, denn Cäsarea und Jerusalem konnten vom Gesichtspunkte der Juden aus nicht gleichzeitig nebeneinander bestehen.

Die gebildete Schicht sprach in ganz Palästina griechisch. Die Sprache des Stammes Israel hatte sich einem bedeutenden Wechsel unterziehen müssen. Die so genannte althebräische Sprache musste der aramäischen Ausdrucksweise Platz machen und wurde nur noch in den Akademien und in den theologischen Schulen gesprochen.

Die Rabbiner der jüdischen Religion betrachteten den südlich von Antiochien gelegenen Teil Palästinas als das einzig wirkliche und wahre Land Israels. Jedoch wurde gerade hier die erste Kirche der „Ungläubigen“ errichtet, und auch die ersten Anhänger des Christentums befanden sich hier. Palästina, besonders Jerusalem, war vor der Ankunft des Meisters Jesus ohne Zweifel „heidnisches“ Gebiet. Wohl war die jüdische Religion vertreten, doch nicht in der Mehrheit und nicht durch Persönlichkeiten von Rang und Macht.

Auch das eigentliche Judentum ließ sich zu dieser Zeit nicht eindeutig definieren. Vom jüdischen Standpunkt gab es neben den Essenern zwei andere große „Sekten“ – die Pharisäer und die Sadduzäer. Ganz entgegengesetzt in ihren Anschauungen, hassten sie einander, während die Essener sich von beiden fern hielten.

Eine Bewegung aber brachte alle Bewohner Palästinas im einheitlichen Gefühl zusammen. Hohe und Niedrige, Gelehrte und Ungelehrte, Reiche und Arme, Juden und Heiden, Führer und Geführte – sie alle waren sich einig in ihrer Abneigung gegen die „Ungläubigen“.

In der Finanzwelt verkörperten die Hebräer den Wohlstand und den Einfluß der Nation, denn alle Geldgeschäfte und die großen Handelsgeschäfte befanden sich in ihren Händen. Handelsgüter aus dem fernen Osten wurden mithilfe arabischer Karawanen durch Palästina in die phönizischen Häfen gebracht. Dort standen ganze Flotten in jüdischem Besitz, von Nichtjuden bedient, ständig bereit, sie in andere Teile der Welt zu bringen. Die Juden waren als Händler und Geldleute eifrig bestrebt, jede Situation auszunutzen und besaßen durch ihren finanziellen Einfluss eine beträchtliche Macht in der politischen Welt. Es gelang ihnen, in Staatsgeheimnisse Einblick zu nehmen, sich bei den Nationen der Ungläubigen Stellungen im Zivil- und Militärdienst zu sichern und diplomatische Verwicklungen zu ihren Vorteilen herbeizuführen und auszunutzen.

Es muss hervorgehoben werden, dass die orthodoxen Juden oder Hebräer in mancher Hinsicht in hohem Grade intolerant waren. Ihren Glaubensgenossen gegenüber z.B. bewiesen sie größte Gastfreundschaft und betrachteten dies als hohe Tugend; Fremden aber, und besonders „Ungläubigen" zeigten sie das gerade Gegenteil in allen ihren Handlungen.

Die Einwohner von Jerusalem zählten zu den fortschrittlichsten Palästinas. Sie hatten Sonderbotschafter in den wichtigsten Teilen der Welt und standen mit diesen in schriftlichem Verkehr. Briefe wurden durch Eilboten und Händler von Jerusalem nach vielen anderen Städten befördert. Die vermögenden Juden spendeten große Summen für den Unterhalt und zum Schutze des jüdischen Glaubens und waren überzeugt, dass diese Geschenke reich vergolten würden. Die Hebräer hatten in den meisten Städten ihre eigene Gesetzgebung. Man erlaubte ihnen, Stellungen einzunehmen, wie sie sonst nur die Römer innehatten, gab ihnen die Rechte eines asiatischen Bürgers und räumte ihnen Sonderrechte ein, die sie forderten, weil sie glaubten, als von Gott auserwähltes Volk hierzu berechtigt zu sein. So den Römern gleichgestellt, durften sie sich eine eigene Verfassung geben und waren unabhängig von den Gesetzen der Gerichtshöfe in den Städten, die sie bewohnten. Sie besaßen so auch unbegrenzte religiöse Freiheit und forderten religiöse Vorrechte, wie sie sie ihrerseits den andersgläubigen Einwohnern des eigenen Landes verweigerten.

Die Angehörigen der führenden Oberschicht der Hebräer machten sich bei den anderen Bürgern in jedem Teil des Landes dadurch unbeliebt, dass sie am Sabbat ihre Läden schlossen und in prächtigen Gewändern mit merklichem Ausdruck der Verachtung und des Abscheus vor ihrer Umgebung müßig umhergingen. Sie waren bestrebt,

Frauen und weibliche Verwandte andersgläubiger Männer von Macht, Einfluss und Wohlstand insgeheim zum Judentum zu bekehren, um dadurch die Männer zum Vorteile Israels beeinflussen zu können. Es war offensichtlich, dass das Endziel dieses Werbens die Austreibung der „Ungläubigen" aus Palästina war.

In den Synagogen, wo auch die Versammlungen der führenden Hebräer stattfanden, wurde die Trennung der Geschlechter strikt eingehalten. Frauen galten als ungeeignet, eine Stellung im kirchlichen Leben zu bekleiden. Die Haltung gegen die Frauen ersehen wir aus vielen Stellen der in den Synagogen benützten Liturgie, die u.a. folgende Danksagung zum Ausdruck bringt: „Gesegnet seist du, Gott und Herr, dass du mich nicht als Weib erschaffen hast". Man hielt das Weib für „seelenlos" und bar irgendwelcher entwicklungsfähiger geistiger Fähigkeiten, und deshalb galt die Frau als ungeeignet, jemals „engelsgleich" zu werden. Für die Bewohner der westlichen Länder ist es interessant, anlässlich einer Reise durch den Orient festzustellen, dass dort alle Engelsstatuen männlichen Geschlechtes sind. In allen romanischen Sprachen ist die Auffassung, dass das Weib keine Seele besitze, erhalten geblieben, denn das Wort „Engel" ist männlichen Geschlechtes. Kein Rabbiner würde sich erlauben, eine geheime Beratung religiöser Themen im Beisein einer Frau abzuhalten oder mit einer Frau über geistliche Angelegenheiten zu verhandeln.

Zurückhaltend und schweigsam, doch mit innerem Groll nahmen es die Juden, besonders die orthodoxen Isrealiten hin, dass das Zepter der Macht von Judäa gerissen wurde und die von Gott Erwählten sich der römischen Herrschaft unterwerfen mussten. Doch sie hofften, diese Demütigung nicht lange ertragen zu müssen. Israel hoffte, dass der Tag kommen werde, da ihre Nation wieder auferstehen und ihr „König der Herrlichkeit" erscheinen würde, um die Macht und das Königreich der Israeliten wieder herzustellen.

Und Israel wartete. Stillschweigend und mit unterdrücktem Groll erhofften die Gläubigen das Kommen des großen Tages. Auf meiner Reise durch Ägypten bemerkte ich die gleiche unterdrückte Erregung bei den Ägyptern. Wie sie schweigsam umhergingen, mit kaltem, empfindungslosem Gesichtsausdruck, zurückhaltend im Gespräch über vergangene und namentlich über künftige Tage, konnte man annehmen, dass eine Feindseligkeit sie durchglühte und es vielleicht nur eines Zeichens bedürfe, um den großen Brand aufflammen zu lassen, der sich über das ganze Land ausbreiten würde. Auch die Ägypter warten auf das Kommen des Tages, da der bedeutende Einfluss und das geistig Erleuchtende, das in ihren alten Bräuchen und geheimen Archiven enthalten ist, sie anspornt, wieder Herren ihres Landes zu werden. In ähnlicher Weise kann man die Verhältnisse, wie sie in Palästina zur Zeit der Geburt des Meisters Jesus bestanden, verstehen und beurteilen, denn das Land fühlte das Joch auf seinem Nacken, wusste, dass es in Fesseln gehalten wurde und glaubte, dies nur noch kurze Zeit ertragen zu können.

In sittlicher Hinsicht waren Laster und Unmoral im Volke gang und gäbe, Ausschweifungen nahmen mehr und mehr überhand, Betrug und Verbrechen traf man sogar an den Gerichtshöfen. Die führenden Mächte waren in zwei Lager gespalten, in den Adel und in die Priesterschaft. Der Adel suchte nichts als die Befriedigung der niedrigen Triebe und hielt die Gesetze nur insoweit, als sie ihm erlaubten, seine selbstsüchtigen Ziele zu erreichen. Die meisten Adligen bekannten sich zu den Sadduzäern. Auf der anderen Seite stand die Geistlichkeit mit den Pharisäern. Diese, auch die „Reinen“ oder „Abgesonderten“ genannt, waren besonders bemüht, ihre Macht zu erhalten und die strikte Befolgung ihrer Gesetze durchzusetzen. Zwischen Pharisäern und Sadduzäern herrschte heftige Feindschaft, die besonders dann zum Ausbruch kam, wenn ein Gegner in Rang und Stellung vorgezogen wurde.

Die Masse des Volkes wurde geknechtet und über die wahren Verhältnisse im unklaren gelassen. Sie glaubte trotzdem an die Möglichkeit der Befreiung von ihren Unterdrückern. Es ist nicht verwunderlich, dass sich diese meist ungebildeten und in den verschiedensten Lebensverhältnissen unerfahrenen Menschen gerne irgendeiner Bewegung anschlossen, die ihnen versprach, sie von Knechtschaft zu befreien und zu Höhen des Aufstieges zu führen, wie sie es sich in ihrer Fantasie ausmalten. Deshalb folgten diese naiven, unerfahrenen Geschöpfe vielfach Führern und Grundsätzen, die sie in bedenkliche Situationen brachten und schließlich bitter enttäuschten. Ihre ganze Hoffnung setzten sie nun auf die Ankunft des erwarteten Heilandes, des Messias, der all diese elenden Verhältnisse ändern und dem Volk Israel Einigkeit und Macht bringen würde. Niemand wusste, wie dies geschehen sollte. Nur die Heuchler, die die irregeleitete Bewegung führten, machten Erklärungsversuche.

Das Haus David, aus dem der wahre Führer des Volkes Israel hervorgehen sollte, war längst zerfallen. Der hohe Priesterstand, aus dem ein großer Messias hätte kommen können, war nur im Gebaren jüdisch, im übrigen aber vertrat er die römische Politik und die griechische Kultur; von Geburt war er alles andere als aus dem großen Hause Davids. Daher konnte der große Erlöser, der das Volk aus der Knechtschaft führen sollte, wie Moses es einst getan hatte, weder aus dem Geschlechte derer kommen, die zu dieser Zeit an der Spitze der Nation standen, noch aus der Priesterschaft. Ein Wort aber war dem Volk in Erinnerung: „Von deinen Brüdern will ich einen erheben, und er soll mein Volk führen!“

3. Kapitel

Die Eltern Jesu

Eine genaue Betrachtung der Geburt und der Kindheit Jesu ist nicht möglich, ohne mit seinen Eltern und ihren Beziehungen zu mancherlei mystischen Ereignissen vertraut zu sein. Es seien deshalb zunächst die folgenden urkundlich bestätigten Tatsachen angeführt und hernach der Beweis dafür erbracht. Die Eltern Jesu waren so genannte „Ungläubige" und hingen mit Herz und Seele sowohl an den Lehren der Essener als auch an jenen der „Großen Weißen Bruderschaft". Diese einfache, genaue Aussage findet sich in überlieferten Rosenkreuzer-Urkunden. In der christlichen Bibel, im Talmud, und in vielen anderen zuverlässigen Werken finden wir die Bestätigung dieser Angaben. Die Eltern Jesu lebten in Galiläa. Dieser Punkt kann unmöglich bestritten werden, und demnach waren sie Galiläer in voller Bedeutung des Ausdruckes. Deshalb soll unsere Untersuchung zunächst der Landschaft Galiläa und den Galiläern gelten.

Bei Matthäus IV, 15 lesen wir vom „heidnischen Galiläa", d.h. dem Galiläa der Ungläubigen. Der durchschnittliche Bibelleser schenkt diesem Ausdruck wenig Beachtung und sieht deswegen seine Bedeutung nicht. Jesus selbst wurde der „Galiläer" genannt. Daher müssen wir annehmen, dass er von seinen Landsleuten oder wenigstens von den Bewohnern Palästinas als anders und abweichend erkannt wurde. Dies berechtigt uns, den wahren Sachverhalt zu untersuchen und aufzuzeigen, warum die Galiläer Ungläubige waren, und warum Ungläubige in Galiläa lebten.

In Makkabäer I, 14-23 steht, dass Boten von Galiläa mit zerrissenen Kleidern und in größter Angst zu Judas Makkabäus kamen und ihm berichteten, die Kämpfer von Ptolemäus und von Tyrus und Sidon und das „heidnische" Galiläa hätten sich gegen sie versammelt, sie zu vernichten. Und Judas forderte seinen Bruder Simon auf,

Männer auszuwählen und nach Galiläa zu schicken, um die Juden, die in Galiläa wohnten, zu retten, damit sie nicht von den Ungläubigen verfolgt würden. Simon führte 3000 Mann nach Galiläa, hatte manchen Kampf mit den Heiden zu bestehen und brachte die in Galiläa wohnenden Juden mit Frauen und Kindern sicher nach Judäa. Hier haben wir sofort einen Hinweis auf die in Palästina herrschenden Verhältnisse und erkennen, dass die Galiläer von den orthodoxen Juden nicht nur als Heiden, sondern als Feinde betrachtet wurden. Dieser eben erwähnte Abzug der Juden aus Galiläa fand im .Jahre 164 v. Chr. statt. Zu derselben Zeit rettete Judas Makkabäus seine unter den „Heiden" im Norden des Landes (und östlich des Jordans) lebenden Brüder und brachte sie nach Jerusalem. Nach diesem Bericht und nach vielen anderen gab es noch lange nach dem Jahre 164 v.Chr. Juden in Galiläa. Die Galiläer blieben ein heidnisches Volk bis zum Jahre 103 v.Chr., als Aristobulus, der Enkel Simons und erste König der Juden (Makkabäer), alle Einwohner Galiläas zwang, die Beschneidung und das mosaische Gesetz anzunehmen.

Dadurch sehen wir, dass die in Galiläa lebenden Ungläubigen, die Eltern Jesu nicht ausgenommen, ihrer Abstammung nach zwar nach natürlicher religiöser Klassifikation Heiden und nach ihrer philosophischen Anschauung Mystiker waren und den damaligen Gepflogenheiten entsprechend jüdisch wurden. Mit anderen Worten: Die Ungläubigen von Galiläa wurden nach dem Jahre 103 v.Chr. zur Annahme der Beschneidung und zur Beachtung des mosaischen Gesetzes gezwungen. Nach diesem Gesetz hatten alle Kinder ab einem bestimmten Alter den jüdischen Glauben äußerlich dadurch anzunehmen, dass sie für eine Probezulassung zur Kirche in der Synagoge erschienen. Wenn man an diese Verknüpfung der Umstände und Verhältnisse beim Lesen der heiligen Schriften denkt, wird man die vielen seltsamen Berichte, wie sie in den heiligen Schriften erscheinen, besser würdigen und verstehen.

In der Keilschrift der Tiglatpileser wird auf die Eroberung von Galiläa Bezug genommen; aber, wie viele andere Berichte über die Galiläer, wird auch dieser allgemein falsch ausgelegt, weil wenige wissen, dass Galiläa auch das „Land von Hamath" genannt wird.

Derselbe Name Hamath wird im Alten Testament gebraucht, doch scheint mancher moderne Forscher der alten Schriften in dem Worte Hamath den Namen der alten Hauptstadt Galiläas nicht erkannt zu haben. Jetzt wissen wir: Hamath ist die berühmte heiße Quelle, eine halbe Stunde südlich von Tiberias an der westlichen Küste des Sees von Galiläa. Im Alten Testament kann man oft vom „Eingang zu Hamath" lesen. Diese Bezeichnung bezieht sich immer auf einen Teil der nördlichen Grenze Palästinas. Es ist der „Wach Alhammans" in der Nähe von Magdala, drei Meilen nordwestlich von Tiberias, wo Maria Magdalena geboren wurde. An anderen Stellen der Bibel lesen wir, dass der König von Hamath, der seinen Sohn aussandte, um David zu huldigen, Galiläer war. Salomons Korn- oder Lagerhäuser, die er in Hamath baute, lagen in der Nähe des Sees von Galiläa.

Die richtige Schreibweise des Namens ist Hammoth oder Hammath, die assyrische Form von Hammati, d.h. „heiße Quellen". Noch viele Quellen könnten zitiert werden, die die Lage Hamaths in Galiläa bestätigen. In anderen Hinweisen finden wir, dass eine große Menge Assyrer als Kolonisten nach Hammath gesandt wurden. Sogar Sargon II. berichtet von der Verbannung des Anführers der Meder mit all seinen Verwandten nach Hammath.

Um deren Niederlassung in der Nähe von Galiläa und die Nachkommen mit den ägyptischen Anhängern zu verbinden, sandten letztere, als Mitglieder der Großen Weißen Bruderschaft und der Essener-Vereinigung, ihre Leute nach dem nördlichen Palästina, wo sie sich an der galiläischen Küste niederließen. Es gibt sehr viele historische Aufzeichnungen in ägyptischen Urkunden und besonders in den alten Urkunden der Großen Weißen Bruderschaft, welche erkennen lassen, dass eine innige Glaubensgemeinschaft und inniger Verkehr zwischen den Anhängern in Galiläa und Ägypten bestand.

Unsere Urkunden zeigen ferner, dass zur Zeit der Geburt Jesu die Galiläer nicht hebräisch sprachen. Den Forschern der heiligen Schriften ist schon seit Jahrhunderten bekannt, dass der Meister Jesus außer hebräisch noch eine andere Sprache sprach. Es sind Hinweise vorhanden, dass er mehrere Sprachen beherrschte. Diese Andeutungen verwirrten die Bibelforscher ganz besonders. Mancherlei Betrachtungen wurden hierüber von Autoritäten angestellt, die darin übereinstimmten, dass Jesus seine meisten Gleichnisse und Lehren dem Volke in der aramäischen Sprache darbot. Aus unseren Urkunden geht deutlich hervor, dass er in seiner gewöhnlichen Rede und Unterhaltung griechisch und aramäisch und nur dann hebräisch sprach, wenn er in anderen Sprachen nicht verstanden wurde. Die meisten schönen, poetischen Gleichnisse und Reden wurden entweder in der aramäischen oder in der griechischen Sprache gehalten. Wir wollen später erörtern, auf welche Weise Jesus die griechische Sprache kennen lernte. Den Gebrauch fremder Redensarten in der Ausdrucksweise Jesu finden wir bei Markus V, 41, Markus VII, 34, Markus XIV, 36 und an vielen anderen Stellen vor.

Der galiläische Dialekt war ständig eine Quelle des Spottes für die Juden. Auch Petrus war aus Galiläa und gehörte zu den „Heiden“. In Matthäus XXVI, 73 erfahren wir, dass einige zu ihm sagten: „Wahrhaftig, auch du bist einer von ihnen; schon deine Sprache verrät dich“. Viele historische Berichte überliefern uns, dass die Juden die Galiläer an der Sprache erkannten, dass diese nämlich verschiedene semitische Kehllaute nicht unterscheiden konnten.

All diese vorhergehenden Tatsachen sind nur einige wenige von vielen, die angeführt werden könnten, um zu beweisen, dass die Eltern Jesu so genannte „Ungläubige“ waren und sich einer anderen Sprache bedienten als die Juden. So fragen wir sofort nach dem Stammbaum Jesu, der so erschöpfend in der Bibel dargeboten wird und zeigen soll, dass Jesus ein Nachkomme Davids sei. Dieser Stammbaum wird in der Bibel an zwei Stellen von zwei verschiedenen Verfassern angeführt. Doch die Reihenfolge stimmt in beiden Verzeichnissen nicht überein. Ganz abgesehen von diesem Widerspruch ist der Stammbaum auch nur ein Versuch von Bewunderern und Nachfolgern Jesu, den Anschein zu erwecken, Jesus stamme aus dem Haus Davids, wie es von den Juden erhofft und im Gebet ersehnt wurde. Man muss berücksichtigen, dass Jesus selbst während seiner Lebenszeit niemals über seine Vorfahren oder Ahnen gesprochen oder gar den Juden mitgeteilt hat, er sei der Heiland aus dem Hause Davids, wie diese es erwartet hatten. Wir finden weder in zeitgenössischen Aufzeichnungen noch in authentischen jüdischen Urkunden irgend einen Anhaltspunkt, dass während der Lebenszeit Jesu oder während des ersten Jahrhunderts und später die Juden oder andere geglaubt hätten, Jesus stamme aus dem Hause Davids.

Wann der Stammbaum, der diese Beziehungen aufzeigen soll, geschrieben und in die Heilige Schrift eingefügt wurde, ist nicht genau bekannt, aber es ist ziemlich gewiss, dass dies erst sehr spät vorgenommen wurde.

Im weiteren müssen wir uns mit einer anderen Seite der Geschichte der Eltern Jesu und seines eigenen Lebens befassen. Häufig sprach man in der christlichen Literatur von Jesus, dem Nazarener, und glaubt allgemein, dies bedeute, er sei in Nazareth geboren oder habe dort einen großen Teil seiner Lebenszeit verbracht. Es ist sonderbar, dass die Gelehrten der Heiligen Schrift, besonders jene, die ausführlich über das Leben Jesu schreiben und die malerischen Einzelheiten desselben darstellen, weder genau über die Bezeichnung „Nazarener" nachdachten, noch ihre wirkliche Bedeutung untersuchten. Alle diese maßgebenden Persönlichkeiten, Autoren und Lehrer nehmen an, Jesus sei Nazarener gewesen. Er muss von einer Stadt Nazareth gestammt haben, und da seine Eltern in Galiläa lebten, so muss die Stadt Nazareth in Galiläa gelegen haben. Auf dieser Basis wurde allgemein angenommen, Nazareth in Galiläa sei der Wohnort der Eltern Jesu gewesen, der Ort, wo Jesus seine Kinderzeit verlebte.

Ich bin in Nazareth gewesen und habe umfangreiche Erkundigungen zum Beweis der in den Rosenkreuzer-Urkunden enthaltenen Angaben eingezogen. Sicherlich werden die meisten Leser überrascht sein, wenn sie erfahren, dass zur Zeit der Geburt Jesu keine Ortschaft oder Stadt namens Nazareth in Galiläa bekannt war und dass jene galiläische Stadt, die heute diesen Namen trägt, eine neue Ansiedlung darstellt, die ihren Namen und ihre Existenz den Forschern verdankt, die einen Ort bestimmen wollten, der dem biblischen Nazareth entsprach. Vor allem müssen wir uns darüber klar sein, dass die Bezeichnung Nazarener nicht unbedingt bedeutet, dass der Träger dieses Namens aus einer Stadt Nazareth stammen muss. Die Juden bezeichneten diejenigen als Nazarener, die nicht zu ihrer

Religion gehörten, sondern anscheinend zu einer geheimen Sekte oder einem Kultus, der in Nordpalästina durch viele Jahrhunderte hin bestand. Wir finden in der christlichen Bibel, dass auch Johannes der Täufer „Nazarener" genannt wurde. Es gibt ferner noch viele andere Hinweise auf Personen, die ebenso bezeichnet wurden. In der Apostelgeschiche XXIV,5 lesen wir von einem Manne, der von den Juden der ganzen Welt als „Anführer" verdammt und „Rädelsführer" der Sekte der „Nazarener" genannt wurde. Wenn die Juden in ihrem Lande mit einem Menschen in Berührung kamen, der eine andere Religion und besonders einen Einblick in die mystischen Dinge des Lebens hatte und der gemäß einer philosophischen und moralischen Sittenlehre lebte, die von der jüdischen abwich, so wurde er mangels eines besseren Namens Nazarener genannt.

Es gab tatsächlich auch eine Sekte mit dem Namen „Nazarener". Wir finden diesbezüglich Angaben in den jüdischen Urkunden, die von einer Sekte primitiver Christen oder von Menschen sprechen, die geneigt waren, die christlichen Lehren anzunehmen. Tatsächlich scheinen die jüdischen Enzyklopädien und die maßgebenden Autoritäten darin übereinzustimmen, dass in dem Ausdruck „Nazarener" alle Christen jüdischer Geburt mit inbegriffen waren, die ihre ureigene Lebensweise weder aufgeben wollten noch dies konnten, aber die neuen Lehren mit der alten zu vereinbaren suchten. Auch gibt die jüdische Enzyklopädie an, dass die Nazarener mit den Essenern ganz offensichtlich vieles gemein hätten und infolgedessen auch zur mystischen Richtung gehörten.

In der Tat wurden die Nazarener und Essener von den gebildeten Juden „Ketzer" genannt, jedoch ist folgende Unterscheidung notwendig: Die Essener waren den Bewohnern Palästinas nicht so gut bekannt wie die Nazarener, und selten wurde einer „Essener" genannt, es sei denn, der Betreffende war gut informiert und kannte den Unterschied zwischen den Essenern und den Nazarenern genau. Dagegen wurden viele Essener und auch Anhänger anderer Sekten, die durch eine besondere Lebensweise auffielen oder die jüdische Religion nicht angenommen hatten, Nazarener genannt. Hieronymus, der berühmte biblische Gewährsmann, verweist darauf, dass zu seiner Zeit noch eine von den Pharisäern verurteilte Häresie unter den Juden und in allen Synagogen des Ostens bestand, deren Anhänger Nazarener genannt wurden. Er berichtete, dass sie glaubten, Christus, der Sohn Gottes, von der Jungfrau Maria geboren, sei es gewesen, der unter Pontius Pilatus zu leiden hatte und emporstieg zum Himmel. „Aber", sagte Hieronymus, „da sie sich für Juden und Christen zugleich ausgaben, waren sie keines von beidem."

Wenn wir uns nun den römisch-katholischen Belegen zuwenden, so sehen wir, dass die Bezeichnung „Nazarener" als Beiname Jesu nur einmal in der Douai-Übersetzung der Bibel vorkommt. Dort finden wir, dass der Ausdruck „Jesus Nazarenus" mit „Jesus von Nazareth" übersetzt wurde. Diese irrige Übersetzung müsste lauten „Jesus, der Nazarener". Im Alten Testament finden wir nirgends, dass sich das Wort Nazareth auf eine Stadt in Palästina bezieht, dagegen werden im Neuen Testament Angaben über die Rückkehr Jesu nach einer Stadt Nazareth gemacht. Diese Angabe ist auf einen Satz zurückzuführen, der richtig übersetzt heißen müsste: „Jesu Rückkehr zu den Nazarenern", die Übersetzung aber lautete: „Jesu Rückkehr nach Nazareth". Dies zeigt, dass Jesus hier in römisch-katholischen Urkunden allgemein zu den Nazarenern gezählt wird, obwohl er dieser Sekte überhaupt nicht angehörte.

Wenn wir die jüdischen und die römisch-katholischen Urkunden zusammennehmen und sie mit den Berichten unserer eigenen vergleichen, so finden wir, dass die Nazarener für die Juden eine Sekte darstellten, die, wenn sie auch an den alten jüdischen Lehren festzuhalten versuchten, doch an die Ankunft eines Messias und an seine ungewöhnliche Geburt glaubten und in ihm den Retter erblickten. Nachdem Jesus sein geistliches Amt begonnen hatte, nahmen ihn die Nazarener nicht nur als ihren Messias an, sondern vertraten auch seine Lehren, die noch vieles mit den Grundsätzen der altjüdischen Religion gemein hatten. Die jüdischen Urkunden berichten u.a., dass Paulus, der Apostel der Heiden, von den Nazarenern verworfen und auch Jesus von einigen nur als ein „hervorragender Mann" gepriesen wurde. Auch der Ausdruck „Nazarit" war zur Kennzeichnung der Ketzer unter den Juden gebräuchlich. Nach jüdischen Belegen wurde er für diejenigen gebraucht, die sich wegen eines Unterschiedes in der religiös-sittlichen oder ethischen Auffassung absonderten. Die jüdischen Urkunden berichten, dass diese Leute sehr enthaltsam waren. Sie tranken keinen Wein und genossen überhaupt kein Getränk, das aus Trauben bereitet wurde. Viele schnitten sich das Haar nicht und hüteten sich, während einer Begräbnisfeier den Toten zu berühren. Dieselben Urkunden melden, dass Geschichte und Ursprung der Nazariten im alten Israel in völliges Dunkel gehüllt seien, dass Samson wie auch seine Mutter Nazariten gewesen seien, dass Samuels Mutter versprach, ihren Sohn den Nazariten zu weihen und dass die Weihungen überhaupt bei den Eltern üblich waren. Auch Jesus sei bereits im Mutterleibe den Nazariten geweiht worden, und Lukas habe in seinem Evangelium, Kapitel 1, Vers 15 auf diese Weihung Bezug genommen. Wie die Königinnen Helena und Miryam von Palmyra, so werden in den Urkunden noch viele andere, in der Heiligen Schrift berühmte Personen, als Nazariten erwähnt.

Aus vielen historischen Urkunden wird deutlich, dass die Ausdrücke Nazarit und Nazarener nichts mit einer Stadt oder Ortschaft Nazareth zu tun haben. Wir sagten bereits, dass die jetzige Stadt Nazareth in Galiläa ihren Namen deswegen erhielt, weil man eine Örtlichkeit festlegen wollte, die der irrigen Meinung hinsichtlich des Wohnortes der Eltern Jesu und der Jugendheimat des Meisters entsprach. Denn während der ersten Jahrhunderte nach Christi Geburt, als die christlichen Lehren im Entstehen begriffen waren, und die Vertreter der Kirchenhierarchie und andere Theologen nach jeder historischen Stätte suchten, die mit dem Leben Jesu in Verbindung gewesen sein könnte, wurde jeder Hügel, jeder Platz und jeder Vorfall in der Laufbahn des bedeutenden Mannes genau verzeichnet und verherrlicht. Während meines Besuches in Palästina wurde mir vollkommen klar, dass der Wunsch, historische und heilige Plätze zu finden und diese zu verherrlichen, noch viele Jahre lebendig bleibt. Diese frommen Lügen werden offenbar, wenn sogar der Tourist herausfindet, dass ihm drei, vier und fünf verschiedene Plätze als die Stelle gezeigt werden, an der sich ein besonderer Vorfall im Leben Jesu angeblich ereignete.

Auf der Suche nach einem Ort, der mit dem Namen Nazareth in Galiläa übereinstimmen würde, stieß man auf große Schwierigkeiten, da keine solche Stadt im Alten Testament erwähnt wurde und keine der alten Karten aus der Zeit Christi einen derartigen Platz verzeichnete. Eine ganz kleine Niederlassung, die jedoch „en Nasira" hieß, wurde, weit weg vom See, in Galiläa gefunden, sofort wurde auch eine Namensänderung in „Nazareth" vorgenommen und das Dorf mit der Jugendzeit Jesu in Zusammenhang gebracht. Dies geschah im 3. Jahrhundert nach Christi Geburt, aber heute noch fehlt jeglicher Beweis, der die Anwendung des Namens Nazareth für die Stadt en Nasira rechtfertigen könnte. In Markus VI,1,2, wird uns berichtet, dass Jesus mit seinen Jüngern in seine Heimat zurückkehrte und begann, am Sabbat in der Synagoge zu lehren. Im 4. Vers des Kapitels weist Jesus auf die Tatsache hin, dass der Prophet im eigenen Lande, unter seinen Verwandten und in seinem eigenen Hause sei. Diese Angaben wurden stets so gedeutet, als ob sie sich auf die Stadt Nazareth bezögen, wo Jesus seine Jugendzeit zugebracht habe. Wenn Jesus in seine Heimatstadt zurückkehrte und in der Synagoge vor einer großen Menge predigte, so kann dies unter keinen Umständen in en Nasira, der so genannten Stadt Nazareth, gewesen sein. Denn noch nicht einmal im 1. und 3. Jahrhundert nach der Geburt Jesu hatte en Nasira oder Nazareth eine Synagoge; es war auch viel zu klein, um Gebäude aufzuweisen, in denen sich eine größere Menge hätte versammeln und Jesus hören können. Zudem war die Gegend um en Nasira viel zu schwach bevölkert, als dass die Zusammenkunft einer größeren Gemeinde aus der Umgebung des Ortes möglich gewesen wäre. So kann sich die Aussage in Markus bezüglich Jesu Heimatstadt nicht auf en Nasira beziehen, jene kleine Ansiedlung um eine Quelle, die zu jener Zeit „Quelle der Wache" genannt wurde und jetzt die Bezeichnung „St. Marienbrunnen" führt. Diese Namensänderung für einen ganz unwesentlichen Ort in Palästina ist ein typisches Beispiel der Änderungen, wie sie in diesem Land zur Förderung des Fremdenverkehrs rapid zunehmen. Die altjüdischen Urkunden berichten hierzu folgendes: Nur in den Büchern des Neuen Testamentes, die lange nach der Lebenszeit Jesu geschrieben wurden, wird die

Stadt Nazareth als einfaches Dorf in Galiläa erwähnt. Weder im Alten Testament, noch in den Schriften des Josephus, noch im Talmud wird ein solcher Ort angeführt. Während der Lebenszeit Jesu war die Stadt Jophia die wichtigste in Galiläa. Sie wird in historischen Schriften des öfteren genannt und wirkt anziehend auf alle Besucher Palästinas.

In den römisch-katholischen Urkunden und Enzyklopädien finden wir, dass die Stadt en Nasira bis zur Zeit Konstantins ein rein jüdisches Dorf war. Demnach konnte dieser kleine, eine Quelle umschließende Ort nicht das Zentrum der heidnischen Bevölkerung Galiläas gewesen sein. In gegenwärtiger Zeit befindet sich eine Kapelle in Nazareth, der auch ich meinen Besuch abstattete und von der man annimmt, dass sie über der Grotte stehe, in welcher Maria und Joseph zu der Zeit lebten, als der Erzengel die kommende Geburt und Inkarnation des Logos ankündigte.

Alle diese Tatsachen zeigen sehr deutlich, dass Maria, Joseph und ihr Kind nebst vielen anderen an ihrem Orte als Nazarener, Nazariten oder Leute einer nichtjüdischen, mystischen Sekte betrachtet wurden. Die vielen anderen Hinweise auf diese Sekte bekunden, dass ihre religiöse und mystische Einstellung die Annahme der Grundsätze der christlichen Lehre ohne weiteres zuließ. Wenn wir dies berücksichtigen, haben wir sofort eine interessante Darstellung der Verhältnisse, wie sie in und um Palästina unmittelbar vor der christlichen Zeitrechnung existierten.

Viele Bewohner jüdischer oder heidnischer Geburt und von verschiedenartigster Abstammung wiesen die Annahme des mosaischen Gesetzes voll und ganz zurück und erschienen nur deshalb als Juden, weil die Gesetze des Landes sie zwangen, sich beschneiden zu lassen und als Zwölfjährige in der Synagoge zu erscheinen, um als Mitglieder der jüdischen Gemeinschaft aufgenommen zu werden. Jedoch huldigten diese Menschen mehr religiös-mystischen Anschauungen und beachteten die jüdischen Lehren nur insoweit, als diese ihnen Gott und Gottes Gesetze offenbarten und ihnen zur Erkenntnis der göttlichen Grundsätze dienlich waren. Sie wurden durch eine besondere Schule oder ein besonderes System vorbereitet und somit befähigt, die höheren mystischen Lehren, wie sie ihnen von

Zeit zu Zeit durch höhere geistige Entwicklung oder durch die Lehren der Avatare offenbart wurden, anzunehmen.

Andererseits ist jene uns bereits bekannt gewordene Vereinigung von Mystikern zu nennen, die als Essener bezeichnet wurden, viele menschenfreundliche Handlungen aller Art ausübten und Hospize, Obdachlosenasyle und Heime einrichteten, die für Arme und Bedürftige Sorge trugen. Die Essener hatten nach dem Willen ihrer Zentralstelle, der Großen Weißen Bruderschaft in Ägypten, ihren Sitz in Galiläa, waren dem Volke wenig bekannt, waren ruhig und anspruchslos in ihren Handlungen und nur an ihrer weißen Kleidung zu erkennen. Die Nazariten, die Nazarener und die Essener lebten einträchtig nebeneinander. Zweifellos war jede dieser Richtungen bestrebt, die eigenen Interessen zu wahren, ohne sich dabei in die Angelegenheiten der anderen einzumischen. Dies war umso leichter möglich, als sie viele Ideale und Ziele gemeinsam hatten. Die Nazariten und die Nazarener wurden allgemein geachtet und waren dem Volke wohl bekannt. Aus diesem Grunde wurden alle, die nicht den jüdischen Glauben annahmen oder als nicht ganz strenggläubig im Sinne der Juden befunden wurden, als Nazariten oder Nazarener, doch nie als Essener bezeichnet.

An den Küsten und in der Nähe des Sees von Galiläa lebten „Ungläubige" und Angehörige der verschiedenen Sekten der Nazarener, Nazariten und Essener. Auch sie erwarteten die Ankunft des großen Meisters, des großen Avatars, des großen Messias, der nicht nur Palästina, sondern die ganze Welt erlösen und dem Volke Israel und allen Menschen den Frieden bringen würde. Diese Mystiker erkannten in ihm die Reinkarnation eines ihrer eigenen großen Meister. Hier wäre darauf hinzuweisen, dass nicht nur die Mystiker, „Ketzer" und „Ungläubigen", sondern auch die meisten orthodoxen Juden dieser Zeit an die Reinkarnation glaubten. Dies erklärt viele Stellen in den heiligen Schriften und sogar in der christlichen Bibel über einen großen Mann, einen bedeutenden Lehrer, der bereits in verflossener Zeit als ein anderer Mensch gelebt hat. Denn diese Anhänger der Reinkarnation glaubten, dass der bedeutendste unter ihnen diese Stufe der Vollkommenheit nur erreichte, weil er auf

Grund früherer Existenz und Vorbereitung sowie früher erworbener Kenntnisse dazu fähig war. Natürlich erwarteten sie, dass der neue große Meister, der neue Erlöser aus der Vergangenheit nicht nur in einem neuen Körper, sondern als eine wohl vorbereitete, höchst entwickelte Persönlichkeit erscheinen würde. Die Rosenkreuzer-Urkunden berichten, dass nicht nur jedes Haus der Essener, Nazarener und Nazariten ein „Heiligtum“ hatte, in dem die täglichen Gebete verrichtet und ernste Betrachtungen angestellt wurden, sondern dass viele Stunden des Tages und Abends mystischen Übungen, besonders der Entwicklung einer geistigen Kraft im Innern, gewidmet wurden. Deswegen war es ihnen möglich, die vielen Wunder zu tun und das große Werk der Armen-Fürsorge durchzuführen. Die Essener waren in der Kenntnis der meisten mystischen Gesetze, welche von den Rosenkreuzern und anderen Mystikern der heutigen Zeit studiert und geübt werden, weit voran geschritten und wussten um die starke Kraft geistiger Gesetze, wenn diese eigens zu einem bestimmten Zweck angewandt wurden. Für sie waren Wunder, wie die Inkarnation einer erhabenen göttlichen Natur und die Ankunft eines großen Führers in ihrer Mitte, durch unverfälschte materielle Gesetze nicht unmöglich oder unwahrscheinlich.

Joseph, der Zimmermann, war ein aufrichtiger Essener und hielt sich fest an die Regeln der Vereinigung. Aber auch sein Weib Maria war außerordentliches Mitglied der Essener-Bruderschaft. Beide mussten jedoch nach dem Gesetz des Landes in die jüdische Gemeinschaft eintreten und auf einem rein formellen Wege den jüdischen Glauben der äußeren Form nach annehmen.

Unter Berücksichtigung dieser Tatsachen wollen wir uns dem interessanten Ereignis der Geburt Jesu zuwenden.

4. Kapitel

Die jungfräuliche Geburt der Avatare

Dieser Umstand im Leben der Avatare ist wohl allgemein schwer zu begreifen, besonders schwierig aber ist er denjenigen begreiflich zu machen, die nicht den hohen Grad mystischen Verständnisses und mystischer Erkenntnis haben, der dem Forscher ganz natürlich einen Einblick, ein geistiges Erfassen und Begreifen der Empfängnis und der Geburt der Avatare ermöglicht.

Ich kann mir wohl vorstellen, dass die Lehre von der unbefleckten Empfängnis Marias, wie sie in den Normen der christlichen Kirche aufgeführt ist, von denjenigen nicht akzeptiert wird, die überhaupt dies oder jenes an der christlichen Lehre auszusetzen haben. In der Tat ist es auch für den uneingeweihten und unentwickelten Mystiker sehr schwer, die autorisierte christliche Darstellung von der unbefleckten Empfängnis zu verstehen. Ganz gewiss aber erscheint sie denen als ganz unwahrscheinlich, die zum Analysieren neigen und die mystischen Gesetze und Grundsätze nicht akzeptieren wollen, wie sie von den alten Meistern gelehrt wurden.

Vielleicht wirken meine Ausführungen überzeugender als alle Darstellungen derer, die versuchten, das Mystische der Geburt Jesu zu einem nur halb geheimnisvollen Ereignis umzumodeln. Vielleicht gehe ich aber auch in meiner Annahme fehl.

Ich bin an kein Glaubensbekenntnis und an kein Dogma gebunden, das ein Festhalten an einer bestimmten Überlieferung verlangt, und wenn es mir nicht gelingt, meinen Lesern das wirkliche Geheimnis der unbefleckten Empfängnis verständlich oder fasslich darzubieten, so ist dies darauf zurückzuführen, dass ich mich in der Erklärung allgemeiner Ausdrücke, die jeder Mystiker innerlich versteht, auf einen unzulänglichen Wortschatz beschränken muss. Vielleicht wäre es aber auch so, weil einige meiner Leser nicht zwischen den Zeilen meiner Angaben lesen und das nicht erfühlen können, was nicht mit Worten ausgedrückt werden kann.

Vor allem sollten die, die sich mit dem Thema des großen Mysteriums freimütig und unvoreingenommen befassen wollen, wohl verstehen, dass Jesus nicht der erste große Meister, Avatar oder Gottessohn war, der von einer Jungfrau geboren wurde. Die autorisierte christliche Überlieferung schildert die Geschichte der unbefleckten Empfängnis und Geburt Jesu so, als handle es sich dabei um eine ausschließlich und einzig in der christlichen Geschichte zu verzeichnende Tatsache. Wenn in der Geschichte der Gottesboten auf Erden oder in der Auswirkung der Heilspläne Gottes zu keiner Zeit ein ähnlicher Vorfall oder eine ähnliche Offenbarung der mystischen Kräfte des Universums zur Bestätigung der Allmacht Gottes stattgefunden hätte, wäre es sehr schwierig, das Geheimnis der unbefleckten Empfängnis zu erklären und zu begreifen.

Aber die Mystiker aller östlichen Länder nahmen zu allen Zeiten das große Mysterium der unbefleckten Empfängnis und der geistigen Geburt eines Gottessohnes nicht nur als Möglichkeit, sondern als natürliche Tatsache im Leben eines jeden großen Avatars an. Die Christen, vor allem die Bibelforscher, die nur immer hörten, dass die unbefleckte Empfängnis eine Angelegenheit des Glaubensbekenntnisses und ein wichtiger Punkt der Lehre sei, der den christlichen Glauben stark belaste, sind überrascht, wenn sie durch fremde Länder reisen und erkennen, dass auch die Moslems, Hindus, Buddhisten und Heiden die Geschichte der unbefleckten, „geistigen" Empfängnis und Geburt für möglich halten. Sie nahmen bisher an, dies sei ausschließlich ein Merkmal des Lebens des Meisters Jesus und eine der Grundlagen für die Behauptung gewesen, Jesus sei der große Erlöser und Erretter unserer Welt. Auf meiner letzten Reise kam ich in einigen Ländern mit Menschen orientalischen Glaubens in Berührung und erlebte, dass dazu folgendes geäußert wurde: „Wenn ihr Christen glaubt, dass Jesus Gottes Sohn oder ein von Gott bestimmter Bote war, der durch seine Botschaft die ganze Welt erlösen soll, dann müsst ihr auch glauben, dass er göttlich empfangen und geboren wurde. Denn diese eigenartige Geburt steht außer Frage, wenn er

Gottes Bote war". Als ich einigen von ihnen darlegte, dass es so genannte Christen oder Bibelforscher gebe, welche die Idee der göttlichen Empfängnis und Geburt nicht annehmen könnten, aber trotzdem glaubten, dass Jesus ein großer Meister, ein Gottesbote und wahrer Gottessohn sei, ein Avatar, der mit ungewöhnlicher Macht von oben gesandt war, dann lächelten diese Orientalen nur und sagten, dass dies nach ihrer Überzeugung eine Sinnwidrigkeit sei. Denn niemand, der menschlich empfangen und geboren werde, könne eine derartige göttliche Macht erhalten, um als Retter seiner Zeit zu erscheinen.

Dieses große Problem löst sich von selbst, wenn wir ein anderes in den Vordergrund rücken: nicht die Tatsache der unbefleckten Empfängnis und der Gottessohnschaft Jesu, sondern das Problem menschlichen Begriffsvermögens und zwar im Vergleich zwischen der östlichen und westlichen Welt. Nicht die Frage der unbefleckten Empfängnis und Geburt Jesu sollte von den Geisteswissenschaftlern der westlichen Welt einer gewissenhaften Betrachtung unterzogen werden, sondern der Mangel des Verständnisses und des Begriffsvermögens bei denen, die noch nicht den rechten Grad geistiger Erkenntnis hinsichtlich der Auswirkung geistiger Gesetze in derart bedeutenden Fällen erreicht haben.

Der Orientale jeden Bekenntnisses weist uns Angehörige der westlichen Welt darauf hin, dass wir bemüht seien, nach einer Grundursache in der geistigen Welt zu suchen, von der wir jedoch wenig wissen und für die wir auch kein geeignetes Verständnis haben. Die Mystiker aller Länder stimmen darin überein, dass man, wenn man nicht durch geistige Entwicklung und entsprechende Auffassungsfähigkeit für die höheren Gesetze darauf vorbereitet ist, die Wirklichkeit der geistigen Empfängnis und göttlichen Geburt in ihrer erhabenen Fülle zu verstehen, die Lehren und die wahre Botschaft, die von einem großen Avatar dieser Welt übermittelt wurden und ganz besonders die des letzten und bedeutendsten unter ihnen, Jesus Christus, nicht erfassen kann.

Damit soll nicht gesagt sein, dass es für den wahren Forscher der christlichen Lehren unmöglich ist, wenigstens die mystischen Gesetze, die die Möglichkeit der unbefleckten Empfängnis und göttlichen Geburt bestätigen, zu verstehen. Aber dieser Forscher muss die Grundlagen des Mysteriums in all den christlichen Lehren zu erkennen versuchen. Die Rosenkreuzer behaupten und stimmen in dieser Hinsicht mit den Orientalen überein, dass das orthodoxe Christentum der westlichen Welt die Mystik und die mystischen Grundsätze, welche die Grundlage des Christentums bilden und das frühe Christentum der Antike begründeten, zu sehr vernachlässigen. Der buchstabengetreuen Bedeutung und der materiellen Auslegung aller im Christentum enthaltenen Prinzipien wird viel Beachtung geschenkt. Die Mystik aber, die ein wirkliches Verstehen, ein geistiges Erfassen des Christentums in seiner ursprünglichen Form erst möglich macht, wird fast vollständig übersehen.

Zu erwähnen ist auch der Widerwille eines Teiles der westlichen Welt, die Tatsachen und Möglichkeiten der Bibel, die so genannten Wunder, anzuerkennen. Ich kann mich mit der Ansicht des verstorbenen Wiliam Jennings Bryan und anderer Autoritäten nicht einverstanden erklären, dass unsere wissenschaftliche Denkart und die hohe wissenschaftliche Bildung der westlichen Welt dazu beitragen, uns die geistigen Wahrheiten der Bibel oder der heiligen Literatur unverständlich zu machen. Ich glaube nicht, dass die materialistische Wissenschaft irgendwie verantwortlich ist für das Unvermögen der westlichen Welt, die höheren geistigen Darlegungen, wie sie in den heiligen Schriften der Bibel oder in den Büchern anderer Glaubensbekenntnisse enthalten sind, zu verstehen. Ich glaube, dass dieses Unvermögen tieferen geistigen Erkennens der westlichen Welt den noch unerweckten feineren geistigen Fähigkeiten in uns und der Nichtbeachtung der Spiritualität zuzuschreiben ist, die uns richtig vorbereiten würde, das zu verstehen, was die Orientalen bereitwilligst aufgenommen haben und was ihnen durchaus verständlich ist.

Ich sagte, wir müssten berücksichtigen, dass Jesus nicht der erste große Verkünder war, der als Gottes Bote von einer Jungfrau geboren oder nach göttlichem Gesetz empfangen wurde. Einige Hinweise zu ähnlichen Ereignissen der Vergangenheit mögen meinen Lesern zum besseren Verständnis dieser Darlegung dienen. In der Tat wurden im

Altertum göttliche Geburten und göttliche Empfängnisse so allgemein akzeptiert, dass jemandem, der sich durch hervorragende Eigenschaften von der Masse unterschied, sofort eine übernatürliche Abstammung zugeschrieben wurde. Sogar in den heidnischen Religionen glaubt man, dass verschiedene Götter vom Himmel herabgekommen seien und sich inkarnierten. Der Gelehrte Thomas Maurice berichtet in seinem ungewöhnlichen Buche „Indian Antiquities" dazu folgendes:

„Zu jeder Zeit und in fast jeder Religion der asiatischen Welt scheint gleichzeitig die unsterbliche Tradition geblüht zu haben, dass ein Gott einen anderen Gott erzeugt in alle Ewigkeit".

Ich darf hinzufügen, dass unsere eigenen Urkunden und heiligen Schriften viele Angaben über religiöse Bewegungen im Altertum enthalten, in welchen der große Führer als „von Gott gezeugter Sohn" bezeichnet wird.

In Indien erschienen mehrere Avatare oder Gottesboten, die durch göttliche Empfängnis inkarniert wurden. Zwei von ihnen hießen „Krischna" und „Krischna, der Retter". Krischna wurde von einer keuschen Jungfrau namens Devaki geboren, die wegen ihrer Reinheit zur Mutter Gottes erkoren wurde. An diesem Beispiel erfahren wir von der Geburt eines unbefleckt empfangenen Gottesboten durch eine Jungfrau.

Buddha wurde, wie alle seine Anhänger glauben, von Gott gezeugt und durch die Jungfrau Maya, d.h. „Maria", geboren. In den alten Geschichten über die Geburt Buddhas, wie sie den Orientalen wohl bekannt war und lange vor der christlichen Zeitrechnung in ihren heiligen Schriften gefunden wurde, lesen wir, wie die göttliche Kraft, der heilige Geist, sich über die Jungfrau Maya ausgoß. In der chinesischen Überlieferung dieser Geschichte wird der „heilige Geist" als „Shing Shin" bezeichnet.

Auch die Siamesen hatten einen Gott und Erlöser, der von einer Jungfrau geboren war, und den sie Codom nannten. In dieser alten Geschichte wurde der hübschen Jungfrau im Voraus verkündet, dass sie die Mutter eines großen Gottesboten werden sollte, und eines Tages, als sie zur üblichen Zeit ihre Fürbitten und ihr Gebet verrichtete, wurde sie durch göttliche Sonnenstrahlen befruchtet. Als ihr Sohn geboren war, entwickelte er sich hervorragend, wurde ein Lehrer der Weisheit und tat Wunder.

Als die ersten Europäer nach dem Kap Comorin, der südlichen Spitze der Halbinsel Hindustan (heute: Vorderindien) kamen, nahmen sie überrascht wahr, dass die Eingeborenen, die niemals zuvor mit Europäern in Berührung gekommen waren, einen Herrn und Heiland verehrten, der durch göttliche Empfängnis von einer Jungfrau geboren war. Man sagte ihnen, dass dieser 3468 Jahre vor Beginn der christlichen Zeitrechnung geboren worden sei. Lao-tse, der berühmte Lehrer der Chinesen, soll von einer Jungfrau schwarzer Hautfarbe, „wunderbar und schön wie Jaspis", geboren worden sein.

In Ägypten gab es lange vor der Entstehung des Christentums und lange vor der Geburt der Verfasser der heutigen christlichen Bibel und der Annahme ihrer Lehre verschiedene Gottesboten, die durch göttliche Empfängnis von Jungfrauen geboren wurden. Im alten Ägypten war bekannt, dass Horus von der Jungfrau Isis geboren wurde. Seine Empfängnis und seine Geburt betrachtete man als eines der drei großen Mysterien der ägyptischen Religion. Jeder Vorfall, der in Beziehung zur Empfängnis und Geburt des Horus stand, wurde von den Ägyptern bildlich dargestellt, in Stein gemeißelt, angebetet und verehrt, wie die Geburt Jesu unter den heutigen Christen. Noch ein anderer Gottesbote der Ägypter, genannt „Ra", wurde von einer Jungfrau geboren. An einer alten Mauer eines Niltempels sah ich ein herrlich gemeißeltes Bild, das den Gott Thoth als Engel Gottes darstellt, der Jungfrau und Königin Mautmes verkündend, sie werde einen Gottessohn gebären, der König und Erlöser ihres Volkes sein werde.

Wenn wir uns Persien zuwenden, sehen wir, dass Zoroaster der erste Erlöser der Welt war, von dem man sagt, dass er in Unschuld durch die unbefleckte Empfängnis einer Jungfrau geboren wurde. Alte Plastiken und Bilder dieses großen Verkünders zeigen ihn von einer hellen Aura umgeben, die seinen bescheidenen Geburtsplatz umstrahlt. Auch von Kyros, dem König der Perser, glaubte man, dass er göttlichen Ursprungs sei. Er wird in den Urkunden seiner Zeit als

„Christus“ oder „der von Gott Gesalbte“ bezeichnet und als Bote Gottes betrachtet. Auch von Plato, der 429 v.Chr. zu Athen von der keuschen Jungfrau Perictione geboren wurde, nahm das Volk an, dass er Gottes Sohn sei. In alten Schriften wird berichtet, dass Avis, sein Vater, im Traum ermahnt wurde, bis zu der zu erwartenden göttlichen Empfängnis und Geburt sein Weib rein und heilig zu halten, denn diese Empfängnis des Kindes werde von hoher Bedeutung sein.

Apollonius, der zur Zeit der Kindheit Jesu noch lebte, in den verschiedensten Ländern lehrte und große Wunder tat, wurde nach den Aufzeichnungen, die zu seiner Zeit und kurz danach gemacht wurden, von einer Jungfrau geboren. Auch seiner Mutter wurde im Jahre 41 v.Chr. im Traum die Geburt eines großen Boten Gottes, der den Namen Apollonius erhalten sollte, offenbart.

Wenn wir weiter von berühmten Persönlichkeiten, Wundertätern und Gelehrten sprechen wollen, die unanfechtbare Überlieferungen zum Nutzen der Menscheit hinterlassen haben, so finden wir, dass Pythagoras, der ungefähr 570 v.Chr. geboren wurde, bereits zu seiner Lebenszeit und auch danach göttliche Verehrung genoss. Nach den alten heiligen Schriften, die über ihn berichten, empfing ihn seine Mutter durch eine Erscheinung des heiligen Geistes. Auch seinem Vater oder Pflegevater wurde durch eine Vision kundgetan, dass sein Weib einen Sohn durch göttliche Empfängnis gebären und dass dieser ein Wohltäter der Menschheit werden würde.

Sehr interessant ist die Geschichte des Äsculap. Er war ein großer Wundertäter, ein Verkünder der Botschaften Gottes für die gesamte Menschheit, und man betrachtete ihn als den wahrhaftigen Sohn Gottes. Um das Geheimnis seiner Geburt zu ergründen, besuchten die Messener das Orakel zu Delphi und erfuhren dort, dass ein unsichtbarer Gott oder Heiliger Geist aus dem göttlichen Reich sein Vater und Coronis seine irdische Mutter war und dass er zu Epidaurus geboren wurde. Als Coronis von dem Ereignis der göttlichen Empfängnis erfuhr, versuchte sie, wie die Geschichte berichtet, ihrem Vater zu verbergen, dass sie schwanger war, denn sie glaubte, sie könne dieses seltsame Ereignis den Menschen nicht begreiflich machen. Deshalb ging sie heimlich nach Epidaurus, wo das Kind einige Monate später in einem niedrigen und armseligen, an einem Berg gelegenen Ziegenstall entbunden wurde. Ein Ziegenhirte namens Arithenes entdeckte auf der Suche nach einer Ziege und einem Hund, die er in seinem Pferch vermisste, das junge Kind in dem Stalle. Er wollte es nach Hause tragen. Aber als er sich näherte, sah er das Haupt des Kindes von feurigen Strahlen umgeben, die ihm anzeigten, dass das Kind ein göttliches Wesen sei. Sein Bericht von der Auffindung des Kindes verbreitete sich über das ganze Land. Die Menschen strömten aus allen Gegenden zusammen, um dem Sohne Gottes ihre Huldigung darzubringen. Sie brachten wertvolle Geschenke, die sie zu Füssen des Kindes niederlegten. Es wurde nicht nur in Phönizien und Ägypten göttlich verehrt, sondern auch im griechischen und römischen Reich.

Auch die Völkerstämme Nord- und Südamerikas hatten Gottesboten, von denen man annahm, dass sie auf göttliche Weise geboren wurden. Lange vor der Landung des Kolumbus verehrten die Eingeborenen des alten Mexiko einen Heiland und Welterlöser, den sie Quetzalcoatl nannten und der nach den Überlieferungen der heiligen Väter, die Kolumbus begleiteten und ihm die alten, in den Tempelmauern eingemeißelten Schriften erklärten, von einer keuschen Jungfrau geboren ward. Nach dieser damals schon uralten Überlieferung verkündete ein Bote am Himmel der Mutter, dass sie einen Sohn durch göttliche Empfängnis gebären und dieser ein Welterlöser werden würde. Durch mexikanische Hieroglyphen wurde die göttliche Empfängnis und Geburt dieses Gottes mitgeteilt.

Die Mayas von Yucatan hatten ebenfalls einen von eine Jungfrau geborenen Gottesboten, ähnlich dem mexikanischen Quetzalcoatl. Sie nannten ihn „Zama“ und man bezeichnete ihn als den einzigen Sohn des höchsten Gottes. Auch in Nicaragua, in Peru, in Guatemala und anderen Ländern gab es Gottesverkünder, die auf diese göttliche Art empfangen und geboren wurden.

Ich glaube, dass ich mit dieser kleinen Auswahl aus vielen überlieferten Beispielen gezeigt habe, dass unter den Orientalen, und ganz besonders unter den Völkern, deren Religion auf der Basis der Mystik beruhte, der Gedanke der unbefleckten Empfängnis oder der göttlichen Geburt nicht als unwahrscheinlich galt, sondern tatsächlich geglaubt wurde.

Von vielen Kritikern, die sich mit der Geschichte der unbefleckten Empfängnis Jesu befassten, wurde angeführt, dass es seltsam erscheine, wenn Jesus so empfangen und geboren wurde, wie die christlichen Urkunden angeben, dass keiner der damaligen Autoren, keiner seiner Schüler, ja er selbst niemals von diesen Tatsachen während seiner Lebenszeit berichtete, und dass erst viele Jahre nach seinem Wirken die Geschichte seiner unbefleckten Empfängnis und Geburt entstand. Diese Folgerung wäre nur dann beweiskräftig und vernünftig, wenn die unbefleckte Empfängnis und Geburt Jesu in ihrer Art allein stände oder wenn er als der erste und alleinige große Bote Gottes göttlichen Ursprungs und göttlicher Geburt betrachtet worden wäre. Wenn wir aber berücksichtigen, dass unter allen Völkern des Orients, Ägyptens und Palästinas der allgemeine Glaube herrschte, dass jeder göttliche Bote, jeder Avatar oder Sohn Gottes, der erkoren war, die Lage der Menschheit seiner Zeit zu verbessern, durch göttliche Empfängnis geboren war, dann verstehen wir, dass im Fall Jesus weder seine Schüler noch die Geschichtsschreiber dieses Geschehnis als so überaus wichtig betrachteten, um darüber zu schreiben. Wenn wir die gesamten Aufzeichnungen der alten, vorchristlichen Avatare und der Söhne Gottes, die zur Entwicklung der Menschheit hervorragend beitrugen, zurückverfolgen wollen, finden wir in den Rosenkreuzer-Urkunden und in anderen Schriften, die allerdings nur noch aus Bruchstücken bestehen, dass die Schüler und Anhänger eines jeden dieser Avatare oder Verkünder den Aufzeichnungen der Reden, Lehren und Kundgebungen der Avatare mehr Zeit und Aufmerksamkeit widmeten, als den Berichten und Mitteilungen über ihre Geburt und ihr Hinscheiden. Selbst in zwanzig oder mehr Fällen, wo auf die unbefleckte Empfängnis und göttliche Geburt dieser vorchristlichen Avatare hingewiesen wird, sind diese Angaben nur kurz und flüchtig und oft nur nebenbei in die Geschichte eingeflochten. Die näheren Einzelheiten der unbefleckten Empfängnis und der Geburt sind nur kurz dargestellt, als wären sie erst in zweiter Linie wichtig und als seien sie für den Leser, der sich mit der Lebensgeschichte eines Avatars befasst, selbstverständlich. In keinem Fall finden wir, dass die Schüler und Anhänger der Avatare die unbefleckte Empfängnis und Geburt für verehrungs- und anbetungswürdig hielten. Sehr oft waren die Angaben zu diesen wundersamen Geburten so kurz gehalten, als wenn wir in gegenwärtiger Zeit von einem besonders berühmten Mann in einem Bericht über sein Leben Geburtstag und Geburtsort als etwas für alle Menschen Zutreffendes nur kurz erwähnen.

Zieht man diese Tatsachen in Betracht, kann es sein, dass diejenigen Leser, die an der unbefleckten Empfängnis Marias Anstoß nahmen, an den wenigen geschichtlichen Hinweisen nun erkennen, dass die göttliche Empfängnis und Geburt Jesu bei den Orientalen kein so hervorragendes oder wichtiges Ereignis in seinem Leben bedeutete. In der Tat wurden von den Orientalen das Leben, die Lehren und die praktische Auswirkung der Lehren dieser Avatare als das Wesentliche angesehen, während die Umstände bei der Geburt und der Geburtsort, ebenso der Tod der Avatare mehr für die mit ihnen näher Verbundenen in Betracht kamen und hauptsächlich der Vervollständigung des Berichtes wegen aufgezeichnet wurden.

Der nächste wesentliche Punkt, der zu berücksichtigen wäre, ist die Tatsache, dass die allseitige Annahme der unbefleckten Empfängnis durch die Mystiker in ihrer besonderen Einstellung begründet ist. Sie sind, wie auch orientalische Philosophen, der Ansicht, dass die Kraft des Gedankens, oder die Kräfte des gedachten oder ausgesprochenen Wortes die Materie zu durchdringen, zu beleben und ins Bewusstsein zu bringen vermögen. Wenn wir nun annehmen wollten, dass die Befruchtung und Belebung der Materie in genannter Weise ein ungewöhnliches, unerklärliches Wunder darstellte, das nie bewiesen wurde und nicht annehmbar ist, ausgenommen auf der Basis unbegründeten Glaubens, dann müssten wir auch annehmen, dass alle die grundlegenden Lehren der orientalischen Mystiker und alle Behauptungen, die in der okkulten und mystischen Literatur von kompetenten Lehrern und von Männern, deren Ruhm und Redlichkeit sehr wohl begründet ist, aufgestellt wurden, falsch, unbegründet, unzuverlässig und nicht unserer Beachtung wert waren. Dann haben die orientalischen Forschungen wenig Wert für uns und wir haben wenig Veranlassung, an eine höhere Macht und an verborgene göttliche Kräfte zu glauben.

Die Mystiker aller Zeitalter aber behaupteten und hatten für sich durch die so genannten Wunder den Beweis, dass latente, mächtige Kräfte, die von Gott bei schöpferischer Einwirkung im Universum angewandt wurden, auch in den Dienst des Menschen gerufen werden können. Die Erschaffung der Welt selbst wurde von den Mystikern des Orients als der erste große Beweis der Macht des Logos betrachtet. Die Kraft des Wortes schwebte im leblosen Raum zu unmittelbarer Durchdringung und Belebung der Materie. Die Mystiker des Orients behaupten also übereinstimmend, dass im Anfang alle leblose Materie durch unmittelbare göttliche Einwirkung ohne Anwendung materieller Gesetze mit Lebenskraft erfüllt wurde. Nach ihrer Ansicht ist keine andere Auffassung möglich oder annehmbar. Wenn sie nun die erste große Entstehung des Lebens in diesem Sinne verstehen, wie sollte dann im Falle der Belebung des Einzelwesens oder der Einzelzelle ein Zweifel für sie bestehen?

Mystiker aller Zeiten haben erklärt, dass sogar ein von Menschen gesprochenes Wort mit besonders betonten, eigens abgestimmten Vokalen die Kraft hat, den Zustand der Materie zu ändern, sie in Schwingung zu versetzen oder ihre elementare Natur und chemische Zusammensetzung zu beeinflussen. Zur Beweisführung haben hervorragende Mystiker des Ostens und Westens gezeigt, wie ein Laut auszusprechen oder ein Ton auf einer Violine oder auf einem sonstigen Musikinstrument hervorzubringen ist, um solche Veränderungen in der Materie zu bewirken. Bei den Rosenkreuzern und bei Mystikern anderer Schulen, die in diesen Dingen bewandert sind und einen besonderen Grad der Vervollkommnung erreicht haben, ist es üblich, durch gesprochene tönende Laute oder durch geistige Konzentration unsichtbare mächtige Energien zu solcher Höhe zu steigern, dass eine Manifestation in nicht lebender und lebender Materie bewirkt wird. Und es ist die Absicht und das Ziel von zahlreichen Forschern der mystischen Gesetze, jenen Grad der Vollkommenheit zu erreichen, der sie befähigt, scheinbare Wunder dieser Art auszuführen. Diese

Mystiker und jeder vernünftig Denkende, der die erwähnten Gesetze zu begreifen vermag, dürften zu folgendem Schlusse kommen: Wenn es den Menschen möglich ist, mystische Kräfte in der gegebenen Weise anzuwenden, wie sollte es dann dem göttlichen Geist nicht möglich sein, Materie zu beleben und nicht nur die unbefleckte Empfängnis, die uns in diesem Kapitel hauptsächlich beschäftigt, hervorzubringen, sondern viele andere Manifestationen ungewöhnlicher Art? Daher akzeptieren die Rosenkreuzer und andere geistig hoch entwickelte Mystiker bereitwillig und selbstverständlich die unbefleckte Empfängnis Jesu und sehen in ihr keine Beeinträchtigung, Verletzung oder Ausschaltung natürlicher oder geistiger Gesetze. Jene, die glauben, die unbefleckte Empfängnis und göttliche Geburt des Meisters Jesus nicht annehmen zu können, haben, noch eingenommen von der einseitigen materiellen Betrachtungsweise, den Grad geistiger Entwicklung, wie er für die Erfassung und das Verständnis der höheren Gesetze notwendig ist, noch nicht erreicht.

Denn es gibt nur einen Punkt, in welchem die Rosenkreuzer und die Mystiker des Orients mit den streng Orthodoxen der christlichen Kirche nicht übereinstimmen. Dies ist die Einzigartigkeit der Empfängnis und Geburt des Meisters Jesu. Die christlichen Lehren sagen, dass Jesus der einzige von Gott gezeugte Sohn sei; seine Geburt sei die einzige, in der das Wort Fleisch ward, durch die Gott einen göttlichen Sohn auf die Erde sandte, um die Welt zu erlösen. Die Rosenkreuzer aber wissen, dass Jesus nicht der erste und alleinige, sondern der bisher größte aller Gottesboten war, die auf diese Art empfangen und geboren wurden. Dies führt uns, bevor wir die alte mystische Geschichte von der Geburt Jesu darbieten, zu einem anderen Punkt der Betrachtung. In einem früheren Kapitel führten wir an, dass die Essener, die Nazarener und die Mystiker Palästinas die Ankunft eines großen Meisters, der die Verkörperung eines früheren grossen Führers sein würde, voraussahen. Wir hoben hervor, dass auch unter den Juden der allgemeine Glaube herrschte, der Messias, den sie erwarteten, sei die Inkarnation eines früheren Befreiers. Aus diesen Feststellungen ist der Glaube dieser Orientalen an eine Wiederverkörperung oder Reinkarnation deutlich zu erkennen, der in der Tat von der ganzen orientalischen Welt geteilt wurde und heute ein positives Prinzip im religiösen und philosophischen Gedankengut vieler Menschen ist.

Die Orientalen wussten auf Grund geschichtlichen Erlebens, dass die großen Avatare und Gottesboten, die von Zeit zu Zeit zu ihnen kamen, wenn es für ihre Weiterentwicklung erforderlich war, die Reinkarnation früherer großer Geister auf Erden darstellten, die in jeder Wiedergeburt einen höheren und immer höheren Grad geistiger Vollkommenheit und Meisterschaft erreichten. Sie wussten auch, dass ein Avatar, der die letzte Inkarnation erreicht hatte, niemals wieder auf der Erde erscheinen würde, sobald er seinen höchsten Platz auf Erden durch unbefleckte Empfängnis und göttliche Bestimmung erhalten hatte. Zu berichten, wann einer dieser Boten in seiner letzten und endgültigen Reinkarnation erscheinen würde, war für sie natürlich nicht möglich. Aber da alle Reinkarnationen progressiv waren und jeder nachfolgende Bote bedeutender und vollkommener war als der vorhergehende, sahen die Essener, die Nazarener wie auch die Juden in Palästina voraus, dass der von ihnen erwartete Gottesbote bedeutender als irgend ein ihm vorausgegangener und wahrscheinlich die Reinkarnation eines der größten Avatare sein würde.

Das Empfinden der Juden ging natürlich dahin, dass solch ein Gottesbote oder Messias die Reinkarnation eines ihrer früheren Führer war, wie Moses, und dass er ganz bestimmt aus dem Hause Davids sein würde. Andererseits glaubten die Essener (die die mystischen Gesetze besser verstanden als die Juden), dass der neue bedeutende Meister und Erlöser der Welt und die Reinkarnation eines der berühmtesten Meister sein würde, den die Weit je sah und dessen Wirksamkeit nicht auf Israel beschränkt sein würde. Weil die Essener zu dieser Zeit die Gruppe der höchst entwickelten, geistig am besten geschulten Menschen der Erde darstellten, sahen sie sowohl in Palästina und Ägypten als auch an anderen Orten voraus, dass der nächste große Meister bestimmt aus ihrer eigenen Reihe und aus den Reihen ihrer Organisation kommen werde.

5. Kapitel

Die mystische Geburt Jesu

Bevor ich den Bericht von der Geburt Jesu, wie er in den alten Rosenkreuzer-Urkunden aufgezeichnet ist, wiedergebe, möchte ich die Aufmerksamkeit meiner Leser auf einige wesentliche Punkte lenken. Zur Zeit der Geburt Jesu war die Essener-Bruderschaft als ein Teil der Großen Weißen Bruderschaft in verschiedenen Teilen Ägyptens und Palästinas verbreitet. Das Zentrum für die ägyptischen Mitglieder war Alexandria, wozu auch ein großer Gemeinschaftsbezirk in Galiläa gehörte. Außerdem unterhielt die Vereinigung einen bedeutenden Tempel zu Heliopolis in Ägypten, wohin ihre Führer von Zeit zu Zeit kamen und die wichtigsten Zeremonien abgehalten wurden. Auf diesen Tempel wurde in alten Urkunden oft als Tempel von Helios oder „Tempel der Sonne" hingewiesen. In Palästina, nahe bei einem der Tore Jerusalems, stand ein kleiner Tempel für die heiligen Handlungen der Essener in und um Jerusalem. In diesem Tempel versammelten sich die Führer der Essener-Bruderschaft in Palästina für ihre hohen Feierlichkeiten.

Vielleicht ist es notwendig, an dieser Stelle zu erklären, dass in den alten Tempeln der Großen Weißen Bruderschaft, also auch in jenen der Essener, die jungen Töchter der höchsten Mitglieder als Vestalinnen eine gewisse Zeit ihres Lebens dienten und unter der Obhut der Vereinigung standen. Bei allen Rosenkreuzergruppen in der ganzen Welt dienen auch heute Vestalinnen, die das reine Gewissen der Versammelten symbolisieren, in jedem Kapitel- oder Logen-Tempel. Diese Jungfrauen sind stets Töchter von Eltern, die der Organisation längere Zeit angehören. Sie werden hoch geachtet und in jeder Hinsicht durch Vermittlung hoher Kenntnisse in allen ethischen, kulturellen und pädagogischen Bereichen des Landes gefördert. Unter Berücksichtigung dieser Hinweise biete ich nun die wahrscheinlich älteste und vollständigste Geschichte der unbefleckten Empfängnis und göttlichen Geburt des Meisters Jesus dar, wie sie in den Archiven der Rosenkreuzer aufgezeichnet und aufbewahrt wird. Ich musste in diesem Buch die Geschichte möglichst kurz fassen, damit das Gesamtwerk nicht zu umfangreich wurde, aber ich habe weder wesentliche Einzelheiten weggelassen noch wichtige mystische Redewendungen umgeändert. Die folgende Darstellung wird bei den Mystikern der Großen Weißen Bruderschaft allgemein akzeptiert, und ich glaube, dass die Mystiker der westlichen Welt durch sie die einwandfreie Erklärung der größten aller Mysterien finden werden.

In den Tagen der mystischen Sekten und des heiligen Kults der Großen Weißen Bruderschaft des Orients lebte ein gewisser Joachim, der Hohepriester im heiligen Tempel von Helios war, vor den Toren von Jerusalem. Er war ein aufrichtiger Anhänger der heiligen Rituale und hatte gelobt, all das Seinige der Großen Weißen Bruderschaft zu weihen. Als die Zeit nahte, dass sein Weib Anna einem Kinde das Leben schenken sollte, kamen sie überein, dass es, wenn es ein Mädchen sein und sich in seiner Kindheit eine göttliche Bestimmung erweisen sollte, als „Taube“ (Vestalin) im heiligen Tempel und als Jungfrau zum Dienste im Heiligtum bestimmt sei. Nach neun Monaten gebar Anna ein Kind, und es war ein Mädchen, wie die Astrologen des Tempels es vorausgesagt hatten. Als die Tage erfüllt waren, reinigte sich Anna, nahm das Kind an ihre Brust und nannte es Maria, da die Sonne zur Zeit der Geburt im Zeichen der Waage stand.

Als das Kind sechs Monate alt war, brachten es die Eltern zum Tempel, auf dass es geprüft werde und im Beisein der Priester und Magier offenbare, was es von seinem vorhergegangenen Leben übertrage. Das Kind wurde im Sanktum auf die Füße gestellt und mit seinem Gesicht nach dem Osten gerichtet, während die Mutter am Fuße des vestalischen Feuers auf einem weichen Linnen saß. Darauf wurde das Kindlein aufgefordert, zu gehen, und es ging. Die Priester und Magier bemerkten, dass das Kind sieben Schritte machte und darauf vor seiner Mutter im Sanktum niederkniete. Und als die Magier sangen, hob die Mutter ihr Kind auf und rief mit lauter

Stimme: „So wahr der Herr, mein Gott, lebt, du sollst nicht auf dieser Erde gehen, bis ich dich zum Tempel des Herrn gebe." Und die Priester rühmten die Erfüllung der Prophezeihung, dass Joachim, ihr Hohepriester, eine Jungfrau für den Tempel gäbe.

Die Mutter erfüllte ihre Zusicherung. Sie errichtete ein Heiligtum in ihrem Hause und legte ein Linnen aus dem Tempel von Helios auf den Boden, darauf das Kind Maria gehen sollte, um nicht mit den Füßen die Erde zu berühren, bis zur Einlösung ihres Gelübdes im Tempel. Die Mutter duldete nichts Gewöhnliches oder Unreines in der Nähe ihres Kindes und rief die reinen Tempeljungfrauen, die es in dem errichteten Heiligtum umherführten und es in den Rosengarten trugen, wenn die Sonne mild war.

Der erste Geburtstag des Kindes kam und ein heiliges Fest wurde im Hause des Joachim und der Anna gefeiert. Alle Priester, Schriftgelehrten und Magier des Tempels der Bruderschaft waren anwesend. Joachim brachte das Kind Maria aus dem Heiligtum zu den Priestern und es wurde mit Wasser besprengt und mit Rosenblättern bestreut, und die Magier verkündeten seinen Namen: „Maria, die Taube von Helios. Die Priester segneten es und beteten zu Gott: „O, Gott unseres Herzens, segne dieses Kind und mache seinen Namen, wie die Weisen eben verkündet haben, zu einem Namen, der ewig genannt wird durch alle Generationen der Söhne Gottes." Und alle Anwesenden erwiderten: „So sei es, so sei es, Amen!" Die Mutter trug dann das Kindlein zu dem Heiligtum, um es an die Brust zu nehmen. Und sie sang das Lied zu Gott. „Ich singe dir ein Lied, du heiliges Kind, ein Lied zu Gott, denn er hat mir die Frucht der Redlichkeit gegeben. Hört, ihr Schriftgelehrten der zwölf Königreiche unseres Landes, denn die heilige Taube ist mit mir und Gott bleibt bei uns." Als das Fest vorüber war, gingen die zwölf Schriftgelehrten freudig von dannen, um die große Nachricht zu ihren zwölf Tempeln der zwölf Königreiche zu bringen. Die Monate gingen vorüber, und als das Kind zwei Jahre alt wurde, folgte ein zweites Geburtstagsfest. Und Joachim sagte: „Lasst uns das Kind zum Tempel tragen, damit wir das gegebene Gelübde wiederholen, es möchte sonst unser Vorrecht von Gott zurückgenommen und unser Geschenk unannehmbar werden." Aber Anna, die Mutter, sagte: „Erkennst du nicht, dass Maria klug und stark ist für ihre Jahre und mit einem Verstande gesegnet, der nicht von diesem Leben, sondern von jenem stammt, das sie trug, ehe sie in meinem Schoß empfangen und geboren wurde? In einem Jahr wird sie stärker sein und weise genug, um allein zum Tempel zu gehen, ohne ihren Vater und ihre Mutter." Und Joachim stimmte zu. Als nun das Kind drei Jahre alt war und außerordentlich klar an innerem Verständnis, rief Joachim die Priester und Schriftgelehrten der zwölf Königreiche und lud die reinen Jungfrauen der Priester ein, Maria zum Tempel zu geleiten. Die Jungfrauen kamen mit den heiligen Lampen, strahlend vor Freude ob des Gottesgeschenkes, zum Tempel. Maria aber verweigerte die Begleitung und wurde von ihrer Mutter bis an das Tor des Tempels getragen, sodass ihr Fuß nicht die Erde berührte. Die Jungfrauen sangen im Innern des Tempels und streuten Weihrauch im Heiligtum, als die Priester von Helios Maria am äußeren Portal in Empfang nahmen. Darauf wurde das Kind in den Tempel gebracht und auf die dritte der zum Altar führenden Stufen niedergelegt. Während das heilige Feuer brannte, betete der Priester : „Gott hat seine Absichten und seinen Namen für alle menschlichen Geschlechter verherrlicht, und durch dieses Kind wird Gott den Kindern dieses Landes seine Erlösung offenbaren." Und er segnete das Kind. Dieses sprang vor Freude auf, ging vom Altar in das Sanktum und kniete vor der Shekinah nieder.

Als die Eltern sich zur Türe des Tempels wandten, bemerkten sie, dass das Kind nicht mit ihnen heimkehren wollte. Als die Jungfrauen und die Priester, die Schriftgelehrten und die Magier zur Westseite des Tempels gingen, warfen sie Rosenblätter auf das kniende Kind. Die Eltern wunderten sich über den Wunsch des Kindes, in dem großen Tempel allein zu bleiben. Als sie sich wegbegeben hatten und das Kind allein war, sah es den eigenen jugendlichen Körper schwebend wie eine Taube in der Luft, und im Raum über dem Altar erschien eine Hand wie die eines Engels und gab Maria, während sie schwebte, einen Bissen Nahrung. Eine Stimme, wie die eines Engels, sagte: „Siehe, dies soll von nun an deine Nahrung sein, denn nicht länger sollst du Milch finden an deiner Mutter Brust. Du hast eingesaugt, was Gott vorbereitet hat, jetzt sollst du nur das essen, was deine wahren Verwandten dir vorsetzen."

Zur Zeit des zwölften Lebensjahres hatte sich Marias Fraulichkeit entwickelt, mit körperlichen Erscheinungen, die zeigten und symbolisierten, dass der Tag der Erfüllung des Gelübdes ihrer Eltern gekommen war. Da wurde von den Priestern und Magiern Rat gehalten. Die Priester sagten: „Siehe! Maria, die Taube, wurde zwölf Jahre alt und bekundete, dass ihre Zeit gekommen ist, im Tempel zu wirken oder in den Ehestand zu treten. Sollen wir sie jetzt nehmen, oder die festgelegte Zeit von zwölf Jahren und elf Monaten abwarten?" Und die Magier erwiderten: „Tritt vor den Altar und bitte Gott, zu zeigen, was Recht ist. Was Gott dir offenbaren wird, das werden wir tun." Und Joachim als Hohepriester betrat das Sanktum, heftete die dreieckige Brustplatte an sein Amtsgewand und betete um Erleuchtung. Eine Gestalt erschien ihm und sagte: „Joachim, Joachim! Gehe hin und versammle die Witwer der Bruderschaft, die ein eigenes Zuhause haben und lass jeden einen heiligen Stab nehmen. Maria soll dem zur Obhut gegeben werden, dem Gott ein Zeichen geben wird." Und Joachim berichtete, was ihm geheißen ward. Die Schriftgelehrten aber wurden beauftragt, alle Witwer ihrer Königreiche herbeizurufen.

Es gab einen Witwer namens Joseph, der zur Essener-Bruderschaft in Galiläa gehörte und ein aufrichtiger Bruder des Tempels seines Königreiches war. Als dieser hörte, dass alle Witwer nach Helios zusammengerufen wurden, legte er Axt und Werkzeuge, mit denen er ein Haus baute, nieder und beeilte sich, mit den anderen zusammenzutreffen. Als sich alle Witwer vor dem Tempel in Helios versammelt hatten, wählte der Hohepriester 144 heilige Stäbe aus, reinigte sie vor dem Altar und gab jedem einen. Aber kein Zeichen wurde gegeben, dass Joachim über die Wahl hätte bestimmen können, wie ihm geheißen war. Joseph war der letzte, der den Stab erhielt, und als er ihn zum heiligen Gruß gegen den Hohepriester erhob, siehe, da kam eine weiße Taube aus dem Stab und schwebte über dem Haupte Josephs. Und der Hohepriester sagte zu ihm: „Dir ist bewilligt, die Jungfrau, die für Helios gegeben wurde, in dein Haus aufzunehmen.“ Aber Joseph weigerte sich und sagte, er wüsste nicht, was die Versammlung beabsichtige, er habe zwei Söhne und sei alt, die Jungfrau aber scheine ein junges Mädchen zu sein, noch nicht dreizehn Jahre alt, wie das Gesetz vorschreibt. Der Hohepriester aber warnte Joseph, erinnerte ihn daran, was Gott mit Dathan, Abiram und Korah tat, wie sich die Erde öffnete und sie wegen ihres Widerspruchs verschlang. Da fürchtete sich Joseph und willigte ein, die Jungfrau aufzunehmen und die Taube von Helios bei sich zu behalten. Und er sagte zu Maria: „Siehe, ich habe dich aus dem Tempel Gottes erhalten und will dich in mein Haus lassen. Ich gehe mein Werk fertigzustellen und will wieder zu dir kommen.“ So geschah es, dass Maria, die Jungfrau der Bruderschaft, bei Joseph, dem Witwer und Baumeister lebte.

Es kam eine Zeit, zu der der Rat der Priester von Helios einberufen wurde, um über die Herstellung von Vorhängen für den Tempel zu beschließen. Und die Priester sagten: „Lasst uns reinen Jungfrauen unserer Bruderschaft und auch die Taube unseres Tempels rufen.“ Nachdem der Aufruf erfolgt war, erschienen sieben Jungfrauen. Auch nach Maria ward gesandt, der Taube des Tempels. Als alle im Tempel angelangt waren, bestimmten die Priester, dass gelost werden sollte, um zu sehen, wer das Gold für den Vorhang, und wer das grüne, das scharlachrote, das purpurne, das blaue und das feine Tuch und die Seide spinnen sollte. Und das echte Purpur und das Scharlachrot fielen auf das Los Marias, ihrer Taube. Sie nahm die Stoffe und ging mit ihnen nach Hause.

Als sie beim Spinnen saß, erschien ihr die Gestalt eines großen Meisters, der sagte: „Fürchte dich nicht! Ich komme, dir eine frohe Botschaft zu bringen. Maria, heilige Jungfrau und heilige Taube von Helios, dein Tag ist gekommen, die Weissagung der Magier zu erfüllen. Du hast Gnade gefunden vor Gott und vor deinen Mitmenschen und du sollst schwanger werden vom Worte Gottes.“ Und als Maria dies hörte, erwiderte sie: „Soll ich durch das Wort Gottes empfangen und dennoch gebären, wie ein jedes Weib gebiert?“ Und die Stimme des Boten sprach: „Du sollst nicht in der Art deines Verstehens empfangen, wohl aber in der Art deines Verstehens gebären. Denn wenn auch die Lippen des Mannes dich küssen mögen, wie die Hand des Hohepriesters dich gesegnet hat, so soll der Same des Mannes dein Erbe sein, aber das Wort Gottes soll in dich gehaucht sein, und seine Kraft soll dich heiligen und den Samen segnen, auf dass er göttlich sein möge. So soll auch jenes heilige Leben, das von dir geboren werden wird, Sohn Gottes genannt werden, und er soll den Namen Jesus erhalten, dass er Gott im Menschen sei und Gott unter den Menschen werde." Und Maria sprach: „Es geschehe nach dem Wort Gottes."

Maria vollendete das Purpur und das Scharlachrot und brachte es dem Hohepriester. Dieser sagte ihr, dass der Tag ihrer Empfängnis gekommen sei und segnete sie und freute sich mit ihr; dann sagte er ihr, dass ihr Name für alle Geschlechter auf Erden heilig sein werde. In dieser Zeit der Vorbereitung ging Maria zu ihrer Base Elisabeth und blieb daselbst, bis ihr Zustand so offenbar wurde, dass sie wiederum die Stille ihres Heiligtums in ihrem Hause aufsuchte. Ihr sechster Monat kam und Joseph kehrte von seinem Hausbau zurück. Er fand Maria in der Erwartung eines Kindes und war bestürzt und sorgenvoll.

Er verhüllte sein Angesicht, warf sich auf den Teppich seines Heiligtums, weinte bitterlich und rief: „Wie soll ich aufsehen zu meinem Gott, denn ich erhielt eine Jungfrau und die Taube unseres Tempels und habe nicht über sie gewacht, und sie wurde von einem Manne geschändet! Wer hat dies in meinem Hause getan? Wiederholt sich nicht Adams Geschichte in mir?" Und Joseph erhob sich vom Teppich, rief Maria und sagte zu ihr: „Warum hast du, die die sieben Stufen unseres Tempels beschritt und zur dritten Stufe des Allerheiligsten erhoben wurde, einem Manne erlaubt, dich zu schänden? Hast du nicht Nahrung von der Hand eines Engels erhalten, als ein Zeichen, dass du nichts annehmen solltest vom Gemeinen zur Befriedigung deiner irdischen Wünsche?" Und sie weinte bitterlich, dass Joseph das alles nicht begreifen konnte und dass er ihr misstraute und rief: „Ich bin rein und kenne keinen Mann!" Joseph aber war erfüllt von Furcht und unterbrach sie mit den Worten: „Wie konnte es dann kommen, dass alles so geworden ist?" Und sie antwortete mit sanfter

Stimme: „So wahr als unser Gott lebt, ich weiß nichts anderes, als dass alles nur durch sein Wort geschah. Er kam zu mir als ich schlief, in der Reinheit des Geistes, frei vom sterblichen Körper, und atmete nicht den Hauch der Luft, sondern sprach mit belebendem Hauch das Wort Gottes. Und ich empfing wirklich im Geist. Wie der Gedanke der Schöpfung der Welt vorausging, so ging das heiligste aller Worte der Belebung, die über mich kam, voraus."

Und Joseph befürchtete, dass jene, die nichts von den Gesetzen Gottes wussten, falsch urteilen und argwöhnen würden und war in Bedrängnis. Aber in der Nacht kam zu ihm die Stimme des Meisters: „Sei nicht furchtsam, denn was sie empfing, ist des heiligen Geistes, sie soll einen Sohn gebären, und die himmlischen Heerscharen werden ihn Jesus nennen, da der heilige Geist durch das Wort Gottes in ihm sein wird."

Bald darauf kam ein Schriftgelehrter in das Haus des Joseph, um ihn zu fragen, warum er einer Versammlung der Bruderschaft ferngeblieben sei. Der Schriftgelehrte sah, dass Maria schwanger war, eilte sogleich zum Hohepriester und war bereit, zu bezeugen, dass Maria geschändet worden sei. Der Hohepriester sandte nach Maria und Joseph, schenkte ihm Gehör und lauschte aufmerksam auf Marias Erklärung ihrer Reinheit. Darauf sprach er mit dem Schriftgelehrten. Die Magier beratschlagten und beschlossen, zu erkunden, ob beider Aura die Farbe der Sünde offenbaren würde, die auf ihnen lasten sollte. Sie erhielten ein Getränk aus dem Gefäß des strahlenden Wassers und wurden ins Dunkel gestellt. Jedoch strahlte nur die Reinheit des Lichtes von ihnen und keine Sünde wurde offenbar. Der Hohepriester aber sagte: „Wenn der Gott unseres Tempels deine Sünde nicht durch seine Gesetze offenbart, kann ich dich nicht verurteilen." Und er entließ sie als rein an Geist und Körper.

Der Tag kam, da Joseph es als notwendig befand, mit Maria zu reisen, um wegen seiner misslichen Lage und Marias seltsamem Erleben dem Sittenrichter (Zensor) zu entgehen. Und sie kamen an eine Höhle, wo sie auf Marias Bitte hin rasteten, denn sie glaubte, dass ihre Zeit nahe sei. Joseph suchte Hilfe und traf eine Frau. Diese kam zu der Höhle, fand Maria, hörte die seltsame Geschichte und glaubte sie nicht. Und Joseph bemerkte, dass der Himmel und die Erde und die in der Ferne sichtbaren Menschen ruhig und regungslos harrten und erkannte, dass Gottes Gegenwart auf dem Angesicht der Erde ruhte und ein großes Wunder sich ereignen würde. Während er und das Weib in der Höhle warteten, erschien ein helles Licht in der Finsternis, und sie wichen zurück. Das Licht aber schwebte über Maria und ward kleiner und heller, bis es ihre Gestalt einhüllte und langsam verschwand. Nachdem Joseph und das Weib still gewartet hatten, bis das Licht verschwunden war, hörten sie den Schrei eines Kindes, und ein Engel erschien und sprach zu ihnen: „In dieser Stunde wurde in der Demut des Geistes und in der Reinheit der Seele von einer Jungfrau des Tempels der Sohn Gottes geboren, empfangen durch den heiligen Geist, durch das Wort Gottes, und sein Name wird Jesus sein, denn das ist der Name Gottes, in den das Feuer des Geistes und die Kraft des Wortes gegeben sind. Aber ich warne dich, den Gottlosen zu sagen, wie es geschah. Sie werden dir nicht glauben, sondern werden sagen, dass ein sterblicher Mensch dieser Jungfrau ein Kind geschenkt hat und werden dich verfluchen als einen Schänder deines Glaubens."

Joseph und Maria machten sich bereit, die Höhle zu verlassen, in der sie eine Zeit lang gewohnt hatten. Sie trafen die Magier, die kamen und sagten: „Wo ist der große König, dessen Stern am Himmel seine Geburt verkündete? Zu dieser Zeit muss er mit seinen Eltern auf dem Wege sein, denn die Stunde seiner Geburt ist vorüber." Joseph aber antwortete: „Ich komme nach Judäa mit dem Sohn Gottes, nicht mit dem König, denn sein Königreich ist nicht auf Erden, sondern in den Herzen der Menschen." Als Herodes hörte, dass ein großer König geboren war, der die Weissagungen der Propheten erfüllte, zog er Erkundigungen ein und war verstört. Als aber die Magier der Bruderschaft vernahmen, dass Herodes das Kind bedrohe, warnten sie Joseph, segneten Maria, gaben ihr von ihren Schriften und schenkten ihr Gold, Weihrauch und Myrre. Und Joseph und Maria setzten ihre Reise auf einem anderen Wege fort.

6. Kapitel

Der Geburtsort und die Weisen

Es bleibt im allgemeinen unbeachtet, dass eine sehr interessante Geschichte existiert, die sich mit der Geburtsstätte des heiligen Kindes befasst, und dass die genaue Lage dieses Ortes durch viele Jahrhunderte eine Streitfrage gewesen ist, die auch in gegenwärtiger Zeit von Fachleuten noch erörtert wird.

Wir finden im christlichen Evangelium des Matthäus die Auffassung, dass Jesus in einem H a u s e zu Bethlehem geboren wurde. Die Worte des Matthäus lauten: „Als Jesus geboren war zu Bethlehem in Judäa, zur Zeit des Königs Herodes, kamen die Weisen aus dem Morgenland nach Jerusalem und fragten: „Wo ist der neugeborene König der Juden? Wir haben seinen Stern im Morgenland gesehen und sind gekommen, ihn anzubeten. Sie traten in das H a u s und fanden das Kind mit Maria, seiner Mutter. Sie fielen nieder und beteten es an."

In den gebräuchlichen christlichen Bibeln finden wir keine weitere Bestätigung der Angabe des Matthäus, dass Maria und das Kind sich in seinem H a u s e befunden hätten. Diese Abweichung von den anderen Berichten wird gewöhnlich unbemerkt übergangen. Zu berücksichtigen ist hier, dass der Schreiber des Buches Lukas klar berichtet, das Kind sei in einem S t a l l geboren, wie folgende Worte darlegen:

„Und sie gebar ihren ersten Sohn und wickelte ihn in Windeln und legte ihn in eine Krippe, denn sie hatten keinen Platz in der Herberge gefunden."

Warum die schier allumfassende Ansicht besteht, dass Jesus in einer Krippe geboren wurde, obwohl nur zwei deutliche Angaben in dieser Hinsicht vorhanden sind, wird bald klar werden. Es gab nämlich zur Zeit des Urchristentums eine dritte Darstellung über die

Geburtstätte, die außerordentlich populär war und sich auf einen Bericht gründete, der nicht allgemein veröffentlicht worden war.

So finden wir zum Beispiel, dass der erste Kirchenhistoriker Eusebius im Konzil zu Nizäa im Jahre 327 n.Chr. die wichtigsten Überlieferungen der christlichen Kirche erörterte und die Frage der Geburtsstätte Jesu zur endgültigen Entscheidung vorlegte. In seinen Ausführungen berichtete er wenig oder nichts davon, dass ein Haus oder eine Krippe als Geburtsort des heiligen Kindes anzusehen sei, hingegen sagte er, dass der junge Jesus in einer *Höhle* geboren worden sei. Dabei bezog er sich auf die Tatsache, dass zur Zeit Konstantins ein herrlicher Tempel neben der Höhle errichtet wurde, damit die Christen den Platz, wo der Heiland geboren wurde, verehren könnten. Ferner finden wir im apokryphen Evangelium des Jakobus, eines Bruders Jesu, einen Hinweis auf die Höhle mit folgenden Worten: „Aber plötzlich wurde die Wolke in der Höhle zu einem hellen Lichte, sodass es ihre Augen nicht ertragen konnten."

Von den hervorragenden Vätern der frühen heiligen christlichen Kirche erfahren wir, dass Tertullian im Jahre 200, Hieronymus im Jahre 375 und auch andere bestätigten, Jesus sei in einer Höhle geboren, und von den Heiden Palästinas werde alljährlich bis zum heutigen Tage auf die Höhle ihres Landes als Geburtsort des Christuskindes hingewiesen.

Der Kirchenrechtler Farrar sagte: „Es ist eine sehr alte Überlieferung, dass der wirkliche Geburtsort Christi in einer Höhle war, die bereits zur Zeit des Märtyrers Justinus im Jahre 150 als der Schauplatz des Ereignisses gezeigt wurde."

Der wirkliche Sachverhalt ist, dass Matthäus nahezu Recht hat, wenn er berichtet, Jesus sei in einem *Hause* geboren. Denn die Höhle, in der das Kind zur Welt kam, war mehr als eine bloße Vertiefung unter einem Felsen oder ein ausgehöhlter Platz an einem Berghang. Die Urkunden der Rosenkreuzer und der Essener enthielten stets die Angabe, dass das Kind der Maria und des Joseph in einer Grotte der Essener an der Landstraße bei Bethlehem geboren wurde.

Ich habe bereits darauf hingewiesen, dass die Essener in verschiedenen Teilen Palästinas Fürsorgeanstalten und Hospize hatten, darunter auch drei Grotten. Gewöhnlich waren dies zum Teil natürliche, zum Teil künstliche Anlagen, und wir wissen, dass die Herstellung von Grotten dieser Art in ganz Palästina und in den angrenzenden Ländern üblich war. Denn zur Zeit des Frühchristentums galt die Anlage von Grotten im Vergleich mit einem großen Bau über der Erde als besser und praktischer. Die Zahl der in Palästina vorhandenen Grotten überrascht den Forscher auch heute noch. Viele enthalten zehn bis zwölf Räume von beträchtlicher Größe, sind weder nass, noch dumpf und haben stets eine angenehme Temperatur.

Die Essener bauten ihre drei Grotten sehr geräumig in entsprechender Lage und wohl geschützt gegen Beobachtung und eventuelle Angriffe seitens der Beduinen. Derartige Grotten von etwa sechs bis zwanzig Metern Tiefe unter der Erdoberfläche hatten Räume, die man über gut behauene, in weitem Bogen nach unten gehende Steintreppen erreichen konnte. Diese Treppen wurden durch Schlitze an der seitlichen Felswand und am Eingang beleuchtet. Manche Räume waren sorgfältig in den Felsen eingehauen, andere bereits durch die Natur gebildet. Vielfach war die Oberfläche des Felsens in den Räumen mit einer Lehmmasse überzogen, auf der Dekorationen, besonders Malereien aller Art, in kunstvoller Weise angebracht waren. Öllampen hingen von den Decken oder standen in den Nischen der Wände und sorgten für ausreichende Beleuchtung, und kleine Öffnungen zwischen den Räumen, nach oben in querlaufende Schächte führend, regelten die Luftzufuhr. In einige Wände waren Sitze oder sonstige Vorrichtungen zum Ruhen eingehauen, andere aus Stein geformt, befanden sich in der Mitte oder am Ende des Raumes. In einem besonderen Raum, der bei allen diesen Grotten anzutreffen war, befand sich ein großes Becken mit frischem Wasser. Der Boden dieser Räume war gewöhnlich mit zum Teil geschliffenen Steinen fliesenartig ausgelegt, und nur bei einigen kleinen Räumen, die als Lager oder für sonstige Zwecke benutzt wurden, blieb der Boden unbearbeitet.

Solche Grotten waren gewöhnlich zum Schlafen, Essen, Rasten, zur Erquickung und Krankenpflege ausgestattet. Ihre Anordnung und Ausrüstung kam in jeder Hinsicht jener der aus Lehm, Stein oder Ton auf der Erdoberfläche hergestellten Gebäude gleich. Das Wohnen in einer Grotte oder einem Hospiz galt als nicht schlechter als in oberirdischen Räumen.

In der Grotte der Essener nahe bei Bethlehem erwarteten Joseph und Maria die Ankunft des Kindes. Verschiedene Hinweise in den alten Urkunden der Essener und Rosenkreuzer bezeugen, dass es bei den Frauen der Essener-Organisation gang und gäbe war, zur Entbindung eines der Essener-Hospize aufzusuchen. Eine Reihe dieser Plätze war dafür eingerichtet, für Kranke, Verunglückte, Bedürftige wie in einem Hospital Sorge tragen zu können. Es war bei den Essenern üblich, wie es noch heute bei den Juden der Fall ist, dass ihren Frauen zur Zeit der Entbindung größtmögliche Aufmerksamkeit geschenkt und dass für jedwede Erleichterung gesorgt wurde. Wir dürfen fast mit Bestimmtheit sagen, dass einige dieser frühen Hospitäler die ursprünglichste Form der in heutiger Zeit in den verschiedenen Teilen der Welt so wohl eingerichteten Entbindungsheime darstellten.

Ich besuchte diese Essener-Grotte in der Nähe Bethlehems, prüfte Größe, Beschaffenheit und Anordnung der Räume und kann nicht verstehen, wie jemand, der den Geburtsort des heiligen Kindes gesehen hat, glauben kann, dass es jemals eine Rechtfertigung gab, eine derartige Anlage „Krippe“ zu nennen. Der große Empfangsraum in der Mitte der Grotte, von vielen Einzelräumen umgeben, gibt sofort zu erkennen, dass die Stätte entweder eine sehr große Wohnung gewesen war – viel größer als man solche Anlagen gewöhnlich in Palästina fand – oder ein öffentlicher Platz irgendwelcher Art. Die zu den Räumen hinabführende Steintreppe lässt darauf schließen, dass die Anlage nicht als Stall benutzt werden konnte. Wenn man die sorgfältig ausgeführten Steinhauerarbeiten und die noch an vielen Stellen sichtbaren Dekorationen sieht, und außerdem die sorgfältig hergestellten Böden und die Anordnung der vom Zentralraum ausgehenden Räume betrachtet, so gewinnt man sofort den Eindruck, dass alles zweifellos einem zweckmäßig angelegten und ausgestatteten Hospiz diente. Heute noch sind die Räume trocken, warm und bequem genug, um dort wohnen zu können. Wenn man die landesüblichen rohen Bauten betrachtet, die für das Vieh vorgesehen sind (wenn überhaupt irgendwelche vorgesehen sind), so ist es ganz augenscheinlich, dass niemand für einen Stall diese Mühen und Kosten auf sich genommen hätte.

Auf einem der berühmten christlichen Konzile, die von den ersten Kirchenvätern einberufen wurden, wenn es galt, Streitfragen über die Lehren und Gleichnisse zu erörtern und zu entscheiden, wurde endgültig erklärt, es sei das Beste, zur Beseitigung aller Streitfragen über den Geburtsort Jesu einfach zu bestimmen, dass die Geburtsstätte eine „Krippe" war. Dieser willkürliche Beschluss schlichtete die Angelegenheit, soweit sie die heilige Kirche betraf, für alle Zeit, und ungeachtet der vielen noch vorhandenen zuverlässigen Urkunden wird die Geburt Jesu in einer bescheidenen Krippe wahrscheinlich ein Bestandteil der christlichen Tradition bleiben.

Ein anderer wesentlicher Punkt, der mit dem Geburtsort und dem Ereignis der Geburt des heiligen Kindes in Zusammenhang steht, ist der Besuch der Magier und ihre Huldigung gegenüber dem Kind. Nach den autorisierten christlichen Übersetzungen wurden die drei Weisen von einem großen Stern, der sie zur Reise aus dem Morgenland veranlasste, zur Geburtsstätte geleitet. Sie trugen bei sich Schätze und Geschenke – Gold, Weihrauch und Myrre.

Die Geschichte des gerade zu dieser Zeit am Himmel erschienenen Sternes wirkte immer fesselnd und gehört zu den Darstellungen der christlichen Überlieferung, die von Skeptikern und Zweiflern als ein zur bildhaften Gestaltung in den Bericht eingeflochtenes, fantastisches Moment angesehen werden. Aber seit langem bestätigten Astronomen, die mittels ihrer Tabellen die regelmäßige Wiederkehr bekannter Kometen und ähnlicher Himmelskörper registrierten und wissenschaftlich untersuchten, dass zur Zeit oder um die Zeit der Geburt des heiligen Kindes ein großer Stern oder sternähnlicher Himmelskörper in rascher Bewegung seinen Lauf über den Himmel dieser Länder nahm. Doch nicht nur diese Entdeckung allein, die bei zahlreichen Wissenschaftlern seit vielen Jahren als bewiesen feststeht, bestätigt die Geschichte des Sternes, der die Weisen zu ihrer Reise veranlasste. Auch eine Reihe von Überlieferungen ähnlicher

Geschichten, welche den bei den Weisen, Astrologen, Chaldäern und Mystikern des Orients herrschenden allgemeinen Glauben bestätigen, dass ein großer Führer oder Avatar geboren werde und sich als Heiland und Erlöser erweisen würde, wenn ein bedeutender Komet über den Himmel zieht. Es ist auffallend, dass Lukas nichts von den Weisen aus dem Morgenland erwähnt, jedoch sagt, dass Schafhirten kamen und das Kind anbeteten; dass diese Hirten nachts bei ihrer Herde verweilt und eine Erscheinung der Engel des Herrn gehabt hätten, welche sprachen: „Fürchtet euch nicht. Siehe, ich verkünde euch große Freude, die allem Volke zuteil werden soll: Heute ist euch in der Stadt Davids der Heiland geboren, der Messias und Herr."

Dieser Bericht im Buch Lukas hat offenbar den Zweck, den alten Glauben zu bestätigen, dass das Erscheinen eines besonderen Sternes eine Botschaft Gottes oder die Geburt eines Erlösers anzeige. Die Schreiber des Lukasevangeliums aber erweitern die Idee zu einer ganz bestimmten, den Hirten von Gott gegebenen Botschaft.

Nachforschungen über den Ursprung dieses Glaubens ergaben nach den alten Essener- und Rosenkreuzerurkunden Folgendes:

Als das göttliche Kind, mit Namen Krischna, geboren war, wurde dies durch einen besonderen Stern am Himmel verkündet, und Krischna alsbald von den Weisen, die ihm Geschenke darbrachten, angebetet und verehrt. Die alten Urkunden berichten, dass die Geschenke aus Sandelholz und Wohlgerüchen bestanden.

Zur Zeit der Geburt Buddhas verkündete ein sehr rasch am Himmel sich bewegender Stern seine Göttlichkeit. Auch hier besuchten die Weisen den Geburtsort, huldigten dem Kinde und überbrachten Geschenke.

Die Geburt des Konfuzius im Jahre 551 v.Chr. wurde durch einen großen Stern angezeigt, der sich über den Himmel bewegte und von weisen Männern beobachtet wurde. Sie fanden den Aufenthalt des Kindes durch die Bewegung des Sternes, gingen hin und verehrten es. – Wir finden diese Geschichte beim persischen Erlöser Mithras, bei Sokrates, Äsculap, Bacchus, Romulus und vielen anderen.

Wir müssen bedenken, dass die Astrologie die höchst entwickelte Wissenschaft bei den Magiern und Mystikern der östlichen Länder war und dass aus dieser Wissenschaft erst die moderne Astronomie hervorging. Es gehört wohl nicht ganz zur Sache, aber ich möchte doch anmerken, dass die Astrologie als Wissenschaft damals hoch entwickelt war und sich nicht, wie dies heute der Fall ist, mit Dingen des Tagesglücks oder -unglücks befasste, wodurch eine alte und achtbare mystische Wissenschaft schamlos geschändet wird.

Die Magier oder Weisen, die in der Bibel genannt werden, waren nicht etwa Astrologen oder mittelmäßige Philosophen, die gleichzeitig als Schafhirten auf dem Felde oder Vertreter gewöhnlicher Berufe tätig sein konnten, sondern gelehrte Erzieher und hohe Vertreter der bedeutenden Akademien und mystischen Schulen des Orients. Den Titel Magus erhielt nur derjenige, der den höchsten Grad der Einweihung in den mystischen Schulen erreicht, sich als Magister der Künste und Wissenschaften bewährt und die Qualifikation als ein höchst entwickelter Mystiker in jeder Hinsicht erhalten hatte. Die Magier oder Magier wurden von Königen, Machthabern und Gelehrten aller Länder nicht nur in Angelegenheiten der Astrologie oder Astronomie, sondern auch auf den Gebieten der Geschichte, der Natur- und Geisteswissenschaften befragt, desgleichen in vielen anderen Dingen, die tiefes Denken und außergewöhnliche Erfahrung zur Aufklärung und zum Verstehen erforderten. Sie nahmen sogar als höchste Berater an Gerichtshöfen und an Ratsversammlungen Stellungen ein, die sie berechtigten, Streitfragen aller Art in letzter Instanz mitzuentscheiden.

Dass einige dieser Magier den symbolischen Stern bemerkten und seine Bedeutung erkennen konnten, war zu ihrer Zeit ganz natürlich. Wir dürfen jedoch nicht annehmen, dass sie ihre Beobachtung erst unmittelbar vor der Geburt des heiligen Kindes machten und eiligst ihr Studierzimmer oder die Stätte ihrer Tätigkeit verließen, um die Länder zu durchreisen und den Geburtsort zu erreichen.

Nach den alten Urkunden, über die wir verfügen, steht fest, dass die Bewegung des Sternes von den Weisen und anderen bereits Monate vor der Geburt des heiligen Kindes beobachtet wurde. Schon geraume Zeit vor der Geburt wurden genaue und sorgfältige Tabellen zur Feststellung der wahrscheinlichen Zeit seiner größten Stärke und

Deutlichkeit aufgestellt. Diejenigen, die von der mystischen Schule für die Reise nach dem Geburtsort und zu Vertretern der Essener-Bruderschaft und der Großen Weißen Bruderschaft gewählt worden waren, traten ihre Reise einige Wochen vor der Geburt des Heilandes an.

Aus den Urkunden ersehen wir auch, dass die Magier von der Erwählung Marias als der für das heilige Kind ausersehenen Mutter wussten. Sie kannten Josephs und Marias Heim in Palästina und hatten auch von den Vorbereitungen Kenntnis, die getroffen wurden, um Maria die Reise zur Hospitalgrotte der Bruderschaft bei Bethlehem zur Entbindung ihres Kindes zu ermöglichen. Die Urkunde berichtet ferner, dass Maria, die wichtige Stunde erwartend, drei Tage vor der Entbindung im Hospiz verbrachte. Und als der Stern am Himmel auf seinem höchsten Punkt erschien und dann plötzlich am Horizont niederging, wussten die Magier, dass der Tag und die Stunde gekommen waren und hatten nur noch eine kurze Strecke bis zur Grotte, um das erwartete Kind zu sehen. Sie brachten nicht nur die im biblischen Bericht angeführten Geschenke mit, sondern auch Grüße von den höchsten Vertretern der Großen Weißen Bruderschaft, Juwelen symbolischer Natur für die Mutter und den Vater und einen Rosenkranz für das Kind, der ein seltenes Emblem enthielt und am Halse getragen werden sollte, sodass Jesus daran immer als der vorgesehene Gottessohn erkannt werden konnte.

Nachdem die Magier das Kind auftragsgemäß besucht und ihre Geschenke und Grüße in entsprechender Form dargebracht hatten, setzten sie ihre Reise nach dem Berge Karmel fort. Sie berichteten dort über die Geburt und übergaben den Hütern des Klosters und der Schule zu Karmel offizielle Unterweisungen über die Erziehung und Versorgung Jesu während seiner Kindheit und Jugendzeit. Darauf gingen sie nach Ägypten und erstatteten den Hohepriestern und höchsten Führern der Bruderschaft Bericht.

7. Kapitel

Das Geburtsdatum des heiligen Kindes

Beträchtliche Meinungsverschiedenheiten herrschten immer hinsichtlich des Geburtsjahres Jesu. Seine Festsetzung nach den verschiedenen Kalendern älterer und neuerer Ordnung ist wenig zuverlässig. Ein bestimmter Tag in einem Kalender entspricht diesem Zeitpunkt im anderen Kalender nicht, und es wäre für den Durchschnittsmenschen schwierig, einen Kalender zu schaffen, der zur Festlegung des wahren Geburtsjahres befähigte. Auch die Autoren der biblischen Bücher waren hinsichtlich des wirklichen Jahres der Geburt Jesu in Zweifel, wie sich bei einer genauen Prüfung ihrer Berichte herausstellt. So wird zum Beispiel im Buch Matthäus mitgeteilt, dass Jesus zur Zeit des Königs Herodes geboren sei, während Lukas angibt, dass Jesus geboren wurde, als Cyrenius Landpfleger in Syrien war. Diese beiden Tatsachen bieten sofort Gelegenheit zu eingehender Diskussion, denn die Herrschaft des Herodes endete im Jahre 4 v.Chr., und Bibelforscher behaupten, dass Cyrenius von 4 v.Chr. bis 1 v.Chr. Statthalter von Syrien war, und dann wieder im Jahre 6 n.Chr. Auch der Umstand, dass das Geburtsjahr Jesu geschätzt wurde, lässt ersehen, dass ein anderes Jahr als das allgemein akzeptierte in Frage kommen könnte.

Interessanter aber als das Geburtsjahr Jesu sind der Tag und Monat seiner Geburt. Die heiligen Väter der frühchristlichen Kirche und die hohen kirchlichen Behörden waren einige Jahrhunderte nach dem Leben Jesu noch außer Stande, sein Geburtsdatum mit Bestimmtheit anzugeben. Bei den ersten Christen wurde der Jahrestag der Geburt mit einem großen Fest im Mai begangen, mitunter im April und gelegentlich auch im Januar. Einige der ersten Überlieferungen der christlichen Kirche geben an, dass der 20. Mai der entsprechende Zeitpunkt sei, während einige Päpste auf dem 19. oder

20. April als dem wahren und richtigen Datum bestanden. Noch bis in das 5. Jahrhundert nach Christus hinein gab die Angelegenheit Anlass zum Streit. In diesem Jahrhundert hielt die Gemeinde in Rom eines ihrer berühmten Konzile ab und bestimmte mit endgültigem Beschluss den 25. Dezember, d.h. die Mitternacht des 24. Dezember als die richtige Zeit. Dieser Beschluss beruht auf einer sehr schönen und wichtigen mystischen Geschichte.

Meine Leser mögen in Betracht ziehen, dass die vielen in diesem Buche veröffentlichten Tatsachen aus dem Leben Jesu, wenn sie von den gutgeheißenen christlichen Übersetzungen abweichen, nicht Tatsachen sind, die in den ersten christlichen Tagen verheimlicht wurden, sondern ein Wissen darstellen, das den Päpsten der christlichen Kirche und den hohen geistlichen Behörden wohl bekannt war. Diese kamen von Zeit zu Zeit auf Konzilen zusammen und begründeten die Lehren, Überlieferungen und zeremoniellen Formen als den offiziellen Teil der christlichen Theologie. Welche Beweggründe diese früheren Behörden und heiligen Väter hatten, ihnen bekannte Tatsachen, die für uns heute von großem Interesse sind, außer Acht zu lassen und dem Volke in seiner Gesamtheit vorzuenthalten oder andere Tatsachen in symbolische Unwahrheiten umzuändern, muss der Erkenntnis meiner Leser überlassen bleiben. Die Redensart „Der Zweck heiligt die Mittel" war fraglos ein Motiv für ihren Entschluss. Wir finden in den Schriften dieser frühen Amtskirche sehr häufig die Formulierung, dass gewisse Änderungen und Zusätze, welche sie im Zusammenhang mit den Traditionen über das Leben Jesu vornahm, „theologische Notwendigkeiten" seien. Mit anderen Worten: Um viele alte mystische Zeremonien, die die heiligen Väter von den ägyptischen Tempeln, von den Lehren und Bräuchen der Essener und der Großen Weißen Bruderschaft übernommen hatten, nutzbar zu machen und sie annehmbar und folgerichtig zu gestalten, mussten gewisse Geschehnisse und Grundsätze erfunden und mit dem Leben und der Tätigkeit Jesu in Zusammenhang gebracht werden. Um eine neue Theologie und viele neuen Lehren zu errichten, mussten sie Tatsachen, die damit unvereinbar gewesen wären, ablehnen und übergehen.

Bei Entscheidungen über wichtige und grundsätzliche Fragen, die genau festgelegt werden mussten, war man gezwungen, sich auf die alten Grundsätze und Lehren zu stützen, die als wahre geistige Gesetze bekannt waren und eine Grundlage boten, auf der die Entschlüsse aufgebaut werden konnten. Einer dieser Beschlüsse ist die Festsetzung der Mitternacht des 24. Dezember als die wirkliche Geburtszeit Jesu. Der Grund für diese Festlegung ist, vom mystischen Gesichtspunkt aus gesehen, außerordentlich interessant. Dieser Beschluss steht im Widerspruch zur überlieferten Geburtsgeschichte, und zwar hinsichtlich des Berichtes, dass sich zur Zeit der Geburt Schafhirten auf dem Felde befanden, die für die Herden Sorge trugen. Von Leuten, die zur Zeit des Konzils die Verhältnisse Palästinas kannten, wurde darauf hingewiesen, dass gegen Ende Dezember keine Zeit mehr sei für Schafhirten, die nachts oder zu irgend einer Tageszeit für ihre Herden auf dem Feld Sorge tragen, und dass die Begebenheit in den biblischen Bericht eingeflochten worden sei, als der Glaube allgemein verbreitet war, Jesus sei im April oder Mai geboren worden.

Die heiligen Väter hatten jedoch bei der Annahme ihres Beschlusses einen wesentlichen Punkt in Betracht zu ziehen: die Tatsache nämlich, dass in allen vorausgegangenen Jahrhunderten die anderen als Erlöser und Erretter bekannten großen Avatare als Söhne Gottes von Jungfrauen am 25. Dezember oder um diese Zeit geboren worden waren. Desweiteren mussten sie berücksichtigen, dass die Geburt dieser großen Männer auf den 25. Dezember fiel, weil infolge eines geistigen oder kosmischen Gesetzes kein Welterlöser zu irgend einer anderen Zeit geboren werden konnte.

Wir müssen uns stets bewusst sein, dass die Geburt eines bedeutenden Avatars oder Gottessohnes unter den Menschen kein gewöhnlicher Vorgang in der Vorsehung der Dinge und kein Zufall ist. Die Geburt eines Avatars ist die Auswirkung von Gesetzen, die im System des Kosmos begründet sind und mit einer Reihe von Vorgängen übereinstimmen, die zur göttlichen Geburt führen und darin ihren Höhepunkt erreichen. Die Geschichte der kosmischen Geburt Jesu, wie auch eines jeden anderen Avatars ist sehr interessant, sprengt aber den Rahmen dieser Abhandlung. Um jedoch meine Leser mit den Offenbarungen dieses bedeutenden kosmischen Gesetzes vertraut zu machen, will ich die folgenden Tatsachen aus den historischen Urkunden der Großen Weißen Bruderschaft aufzeigen.

Die wichtigste Abhandlung hierzu beschäftigt sich mit dem Verhältnis zwischen dem geistigen, kosmischen und weltlichen Gesetz in Hinsicht auf einen universalen Zustand, der um den 23., 24. oder 25. in jedem Dezember offenbar wird. Zu dieser Zeit vollzieht sich ein Wechsel im Kosmos, genannt die Geburt des Lichtgottes. Dieses Ereignis wurde bei den Alten immer als Niederkunft der Königin des Himmels oder der himmlischen Jungfrau der Sphären gefeiert. In Indien war dies überall eine Zeit großer Freude. Viele Jahrhunderte vor der christlichen Zeitrechnung wurde sie im Dezember festlich begangen. Zu dieser Zeit schmückte die Bevölkerung ihre Häuser mit Girlanden und war großzügig mit ihren Gaben und Geschenken für Freunde und Verwandte. Dieses religiöse Fest kann weit bis in das Altertum zurückverfolgt werden.

Auch in China betrachtete die Bevölkerung lange Zeit vor der christlichen Zeitrechnung diesen Zeitpunkt der Wintersonnenwende als eine heilige Zeit. Man schloss alle Läden, Gerichtshöfe und Stätten der geschäftlichen Tätigkeit. Bei den alten Persern wurden die herrlichsten Zeremonien zu Mithras Ehren abgehalten, dessen Geburtstag auf den 25. Dezember fiel, wie berichtet wurde.

Bei den alten Ägyptern wurde der 25. Dezember für viele Jahrhunderte als der Geburtstag verschiedener Gottheiten gefeiert. Wir finden darüber Hinweise in allen Geschichten der Religionen der alten Völker, z.B. im Buch „Religion der alten Griechen“ von De Septehenes, der dort sagt: „Die alten Ägypter nahmen die Empfängnis der Isis (der Königin des Himmels und der jungfräulichen Mutter des Erlösers Horus) für die letzten Tage des März an, gegen Ende Dezember aber hielten sie die Gedächtnisfeier ihrer Entbindung.“

In einigen Fällen wurde durch hohen Beschluss die Feier der Geburtstage einiger Gottheiten geändert, gerade so wie das Geburtsdatum Jesu von Mai in Dezember umgeändert wurde. In Bonwicks „Ägyptischem Glauben“ finden wir die Bestätigung eines Vorgangs, der auch in den Rosenkreuzer-Urkunden enthalten ist. In Bezug auf Horus sagt er: „Er ist der größte Gottgeliebte des Himmels. Seine Geburt war eines der größten Mysterien der ägyptischen Religion. Sie wurde in Bildern an den Tempelwänden dargestellt. Man durchschritt das Allerheiligste, um zum noch heiligeren Viertel des Tempels mit dem Geburtsplatz des Horus zu gelangen." Horus war angeblich das Kind Gottes. Zu einer Zeit, die unserer Weihnachtszeit entspricht, wurde sein Bild unter eigenartigen Zeremonien aus dem Allerheiligsten geholt, genau in der Weise wie heute noch in Rom das Bild des Christkindes aus den Kirchen geholt und ausgestellt wird.

Es ist interessant, dass das Wort Bambino in manchen Ländern heilig ist, und dieser Ausdruck für das in Windeln gewickelte Christkind gebraucht wird. In Rom ist es üblich, das Bildnis des Bambino am frühen Weihnachtsmorgen öffentlich auszustellen und mit großen Zeremonien zur Ehrung des Geburtstages Jesu und zur Begrüßung dem Volke zu zeigen. Dieser schöne Brauch ist eine Weiterführung einer alten Gepflogenheit, wie sie in den mystischen Ländern von der Großen Weißen Bruderschaft geübt wurde. Osiris, der Sohn der heiligen Jungfrau Neith, wurde am 25. Dezember geboren, und die Griechen feierten diesen Tag als den Geburtstag des Herkules.

Auch Bacchus und Adonis wurden am 25. Dezember geboren. Tertullian, Hieronymus und andere Väter der frühchristlichen Kirche, die sich so eifrig für den Aufbau der christlichen Lehren, Zeremonien und des Glaubensbekenntnisses einsetzten, berichten in ihren Schriften, dass die Zeremonien für die Geburtstagsfeier des Adonis am 25. Dezember in einer Höhle stattfanden und dass die Höhle, in der das Mysterium gefeiert wurde, in Bethlehem war, am selben Platz, an dem das Jesuskind geboren wurde. Dies ist nur eine weitere Bestätigung der Tatsache, dass die Essener-Grotte, in der das heilige Kind Marias und Josephs geboren wurde, für die Gedächtnisfeierlichkeiten früherer Avatare, wie auch des Adonis, benützt wurde. Es ist auch der Grund, warum die Magier wussten, wo der neue Avatar an seinem Geburtstage zu finden war.

Die Tatsache, dass der 25. Dezember allgemein als ein mit der Geburt des Sonnengottes verbundener Tag gefeiert wurde, oder als der kosmische Geburtstag von Gesetzen und Prinzipien, die von der Sonne geoffenbart wurden, geht aus vielen Urkunden der altchristlichen Feierlichkeiten in Rom hervor. Wenden wir uns den Schritten des Geistlichen Gross zu, der sehr ausführlich und glaubhaft über diese Dinge geschrieben hat, so lesen wir folgendes: „In Rom wurde in der vorchristlichen Zeit am 25. Dezember das Fest Natalis Solis invicti (Geburtstag der Sonne, der Unüberwindlichen) gefeiert. Es war ein Tag allgemeiner Freude, der mit Feuerwerken und öffentlichen Spielen begangen wurde. Alle politischen Geschäfte, Kriegserklärungen und Strafverfahren ruhten, Freunde beschenkten sich gegenseitig und den Sklaven wurden große Freiheiten gewährt."

Es ist auch interessant, dass bei den alten Germanen Jahrhunderte vor der Geburt Christi zur Zeit der Wintersonnenwende jährlich eine alte, heilige Zeit gefeiert wurde, die sie Julzeit nannten. Bei dieser Gelegenheit wurden alte Verabredungen erneuert und die Götter über die Zukunft zurate gezogen; auch gewährten die Menschen einander weitgehende Gastfreundschaft. Von dieser alten Zeremonie rührt noch das Wort „Jul" her, der alte Name für das Christfest. Die alte Gepflogenheit, am Christabend den Julblock zu verbrennen, ist noch heute gang und gäbe. Bemerkenswert ist ferner, dass das Wort Jul in Frankreich Noel heißt, was dem hebräischen oder chaldäischen Nule gleichbedeutend ist. Zur Zeit der Wintersonnenwende wurde auch bei den Bewohnern Skandinaviens ein jährliches Fest, die Mutternacht, begangen. Dieses Fest wurde Jul genannt, Freyr zu Ehre, des heiligen Sohnes des höchsten Götterpaares. Die Feier schloss alle Arten von Kundgebungen der Freude, der Glückseligkeit und des gegenseitigen Beschenkens ein,

In Großbritannien und Irland feierten die Druiden den 25. Dezember als einen heiligen Tag und zündeten große Feuer auf den Gipfeln der Berge an. Auch im alten Mexiko wurde die letzte Woche im Dezember zu Ehren der Geburt eines Gottes als ein heiliges Fest gefeiert.

Die Verwendung von Immergrün und Misteln zur Christfestzeit rührt von alten Gebräuchen her, und Tertullian, der Heilige Vater, auf den ich mich bezog, schrieb aus fernem Land an seine heiligen Brüder nach Hause. Bei der Schilderung der Gepflogenheiten am 25. Dezember schreibt er: „Es war ein grober Götzendienst". Des weiteren beschrieb er, wie sie ihre Türen mit Girlanden aus Blumen und Immergrün schmückten.

Zusammenfassend kann also gesagt werden: Wenn die Große Weiße Bruderschaft in Ägypten in ihren Urkunden berichtete, dass der Tag und die Stunde der Wintersonnenwende als der kosmische Zeitpunkt für die Geburt eines Avatars galt, wie aus alten Aufzeichnungen ersichtlich ist, so war hierfür weder ein bestimmtes Ereignis, noch eine willkürliche, durch Beschluss herbeigeführte Festsetzung maßgebend, sondern Beobachtungen und Angaben, wie sich das kosmische Gesetz offenbarte. Dass Avatare zur Wintersonnenwende geboren werden, und auch viele bedeutende Führer der Menschen tatsächlich zu dieser Zeit geboren wurden, hängt mit den Grundsätzen der Reinkarnation, dem kosmischen Zyklus des Lebens und dem Grad der Zivilisation zusammen. Die Behandlung derartiger Probleme aber überschreitet den Rahmen dieses Buches.

Wer an den tieferen mystischen Prinzipien und geistigen Gesetzen des Universums Interesse hat und erfahren will, wie diese auf die normale Entwicklung jedes Menschen und seine Übereinstimmung mit dem Kosmos-Bewußtsein einwirken, wird sich mit einer Schule oder einem System in Verbindung setzen, das sich mit diesen Dingen gewissenhaft und ohne Vorurteil und Voreingenommenheit befasst. Selbstverständlich werden solche Informationen niemals verkauft oder in Buchform zum öffentlichen Verkauf angeboten. Aus diesem Grunde werden Interessenten in Buchhandlungen, Privatveröffentlichungen oder sonstigen Abhandlungen vergebens danach suchen. Nur Organisationen, wie beispielsweise die Rosenkreuzer oder Vereinigungen der Großen Weißen Bruderschaft, wie sie in vielen Ländern wirken, geben dem Suchenden diese in privater und persönlicher Hinsicht unschätzbaren Informationen. Und dies aus keinem anderen Motiv als zu seinem Wohl, falls er würdig befunden wird, solche Kenntnisse zu besitzen.

Diese aus Marmor oder einem anderen Stein gemeißelte Figur des Bambino oder des Christuskindes wird vom Weihnachtsmorgen bis Epiphanias in Kirchen ausgestellt. Es wird behauptet, dass der heilige Franz von Assisi diesen Brauch im 13. Jahrhundert einführte. Doch haben Forschungen ergeben, dass zur Weihnachtszeit in vielen Ländern lange vor der christlichen Ära eine ähnliche Figur eines heiligen Kindes ausgestellt worden war.

8. Kapitel

Die Jugendzeit Jesu

In der autorisierten christlichen Darstellung des Lebens Jesu werden zwei Abschnitte ohne Angaben von Einzelheiten übergangen: nämlich Jesu Kinder- und Jugendzeit bis zu seinem Erscheinen vor den gelehrten Männern der Synagoge und die Zeitspanne von dort an bis zum Anfang seiner Mission als Lehrer und Prophet im Heiligen Lande.

Das Übergehen dieser beiden Zeitabschnitte in der Bibel war ohne Zweifel die Ursache vieler Diskussionen, die zu scharfer Kritik an der ganzen Lebensgeschichte führten. Neben der orthodoxen Darstellung der Geburtsgeschichte, die, weil unverstanden, von vielen verworfen wird, boten die genannten zwei Lücken in der Lebensbeschreibung Jesu einen willkommenen Grund für die Ablehnung auch der übrigen Berichte. Besonders jene, die die unbefleckte Empfängnis und Geburt des Erlösers nicht als möglich anerkennen wollen, beeilen sich, die Lücken im früheren Teil der Geschichte seines Lebens als Beweis dafür aufzuzeigen, dass die Wahrheit über Jesu Leben überhaupt niemals berichtet worden sei.

Die scharfe Kritik an der autorisierten Berichterstattung weist mit einem gewissen Recht darauf hin, dass der Mangel an Einzelheiten aus Jesu Kinder- und Jugendzeit unwesentlich und durchaus nicht nachteilig für die ganze Geschichte seines Lebens wäre, wenn die biblischen Berichte auch auf die Vorgänge bei seiner Empfängnis und Geburt kein so großes Gewicht gelegt und sich bei deren Schilderung nicht in solche Einzelheiten verloren hätten, wie dies geschah. Dort aber werden neben wichtigen auch unwesentliche mit der Geburt in Zusammenhang stehende, zufällige Vorfälle, sowie die Ereignisse der Geburt selbst, von so vielen Zeugen berichtet und in vielen Einzelheiten gerühmt.. So scheint im Schweigen über Jesu

Jugendzeit eine gewisse Bedeutung zu liegen. Gewiss: Diejenigen, die es als ihre Pflicht betrachten, die wesentlichen und unwesentlichen Punkte über die Geburt Jesu und was damit zusammenhing, zu sammeln, aufzuzeichnen und zu bewahren, mussten auch die Ereignisse seiner Kindheit kennen.

Die Tatsachen müssen genauer aufgezeichnet und einer weit größeren Anzahl von Personen besser bekannt gewesen sein, als die Ereignisse anlässlich seiner Geburt und Empfängnis. Warum aber dieses Schweigen und warum das vollständige Fehlen von Einzelheiten, die für alle, die den Meister anbeten und jeden Aspekt seines Lebens zu verehren suchen, von höchstem Interesse und von höchster Erleuchtung wären?

Es sei daher betont, dass die Ereignisse der Kindheit und Jugend Jesu bei Gruppen und Organisationen niedergelegt, zurückgehalten und aufbewahrt sind, die nicht durch die Bestimmungen religiöser Ratsversammlungen oder durch Vorschriften von Kirchenversammlungen beeinflusst wurden und die an diesen Tatsachen nichts finden, was die Größe und höchste Meisterschaft Jesu Christi schmälern könnte.

Ich weiß, dass einige dieser Ereignisse aus der Kindheit und Jugend Jesu in einzelnen Ländern nach und nach bekannt und in der mystischen Literatur der westlichen Welt veröffentlicht wurden. Aber die vollständige Geschichte und die wichtigsten Einzelheiten wurden von Organisationen zurückgehalten, deren Anhänger sie sehr wohl kennen, aber der Ansicht sind, dass es gut wäre, sie erst dann zu veröffentlichen, wenn die westliche Welt fähig ist, sie in ihrem Reichtum und in ihrer erleuchtenden Bedeutung zu verstehen. Dieser Grund scheint mir für die Gegenwart hinfällig geworden zu sein, und ich freue mich, sagen zu können, dass die Autoritäten, in deren Archiven sich die Urkunden befinden und mit denen ich mich in dieser Hinsicht beraten habe, darin übereinstimmen, dass die gegenwärtige Aufgeschlossenheit für religiöse Fragen und besonders der Wunsch nach einem vollkommenen Abriss des Lebens Jesu bei vielen Menschen die Veröffentlichung der Tatsachen rechtfertigt, wie sie jetzt zum ersten Male in der Literatur des Westens erscheint.

Dass Jesus eine außergewöhnliche Vorbereitung und vollkommene Ausbildung gehabt haben muss, ist jedem Kenner der christlichen Lehren und jedem Analytiker des Lebens des großen Mannes begreiflich. Die einzige Tatsache, dass er in frühem Alter die gelehrten Männer seines Landes durch die Fähigkeit, zu antworten und tiefe Fragen zu stellen, verblüffen konnte, beweist, dass er während der ersten zehn oder mehr Jahre seines Lebens sorgfältig erzogen und geschult worden war. Wir dürfen mit vollem Rechte annehmen, dass er als Sohn Gottes dauernd inspiriert war und in seinem unmittelbaren Kontakt mit dem Geist Gottes die erleuchtenden Gedanken, die er zum Ausdruck brachte, schöpfen konnte. Aber mit derselben Bestimmtheit müssen wir annehmen, dass er diese Ausbildung und Übung in weltlichen Schulen empfangen hatte, die es ihm ermöglichten, Ideen und Gedanken in d e n Worten und in der Sprache, in den Vorstellungen und Gleichnissen auszudrücken, wie sie das Volk verstand.

Die berühmtesten Künstler haben ihre Meisterwerke zweifellos durch Inspiration geschaffen. Nichtsdestoweniger musste jeder dieser Meister in der Technik geübt sein, die Gedanken, das Ideal, das Bild von einer Seele zur anderen zu vermitteln. Die größten Komponisten haben fraglos inspirativ geschrieben und nach ihrem eigenen Eingeständnis gefunden, dass die schönsten Passagen ihrer Musik gleichsam vom Himmel zu ihnen kamen. Trotz alledem aber mussten diese Männer darin geschult sein, auch technisch auszudrücken, was sich ihrer Seele offenbarte.

Es tut nichts zur Sache, wie und an welchem Grade Jesus in geistigem Kontakt mit der Kosmos-Seele und dem Gott-Bewußtsein gewesen ist. Er musste die genannte Schulung, die Ausbildung und Übung im Gebrauch der Worte und im Ausdruck der Gedanken haben, um die schönsten Dinge in der schönsten Sprache, die je ein Mensch gesprochen hat, darstellen zu können. Wir können uns einfach keine Vorstellung davon machen, dass ein ungeübter und unvorbereiteter Mensch solche Gedanken auszusprechen und solche Handlungen zu vollbringen vermochte, wie er es tat. Dies ist auch bei der vollkommensten Inspiration ohne Vorbereitung und Übung nicht als möglich anzunehmen. Die Behauptung, dass solche Übungen und Vorbereitungen in weltlichen Schulen und an der Hand irdischer Berater, Lehrer und Beschützer den Anspruch der göttlichen Vorbereitung und alleinigen Gottessohnschaft schmälern würden, ist einfach absurd. Haben wir irgend einen Grund, zu glauben, die Mutter Jesu lehrte das kleine Kind nicht gehen oder Nahrung zu essen? Oder sollen wir annehmen, dass diese Dinge von Gott eingegeben wurden, und dass er dies alles vom Zeitpunkt der Geburt an bereits kannte? Und außerdem: Ist das Aufrechtgehen anstatt des Herumkriechens eine Sache irdischer Weisheit und Regelung, oder ist es eine Regel des Kosmos oder eine Einrichtung, die Gott dem Geist oder dem Bewusstsein aller Wesen eingeben müsste? Ist nicht die Anwendung von Worten, Sprachen und die Gruppierung der Worte in grammatikalische Formen eher ein Resultat menschlicher Anordnungen und Regeln als kosmischer Gesetze und Prinzipien? Wenn diese Dinge irdisches Werk sind, dann müssen sie auch durch Menschenhand erlangt und von Menschen gelehrt werden.

Ganz gewiss wurde Jesus in der hebräischen und griechischen Sprache unterwiesen. Wir können uns nicht vorstellen, dass Gott diese Sprachen dem Bewusstsein Jesu ohne irdischen Unterricht eingegeben haben sollte. Warum sollten als Ausdrucksformen gerade diese Sprachen von Gott auserwählt worden sein, da Jesus doch Erlöser aller Völker der Erde mit vielen Sprachen in vielen Ländern sein sollte? Wenn er nun tatsächlich in den genannten Sprachen unterrichtet und angeleitet wurde, die Inspirationen seiner Seele in Worte zu kleiden, um seine Gedanken anderen zu übermitteln, so gibt es keinen Grund, zu bezweifeln, dass ihm auch andere Dinge zur Durchführung seiner großen Lebensaufgabe gelehrt worden sind. Damit soll das Logische und Vernünftige in Hinsicht auf Jesus dargelegt, nicht aber bewiesen werden, dass er eine solche Ausbildung unter allen Umständen gehabt haben müsste. Es gibt ausführliche Urkunden, aus denen zu ersehen ist, wie und wo Jesus erzogen wurde, und damit wollen wir uns befassen.

Jesus wurde in einer der Essener-Gemeinschaft treu ergebenen Familie geboren. Dies genügte an sich schon, um dem jungen Kinde die allerbeste Erziehung, die zu jener Zeit möglich war, zu garantieren. In den vorbereitenden Schulen der Essener erhielt jedes Kind eine hervorragende Unterweisung durch Lehrer und Meister, die ihre Ausbildung in den verschiedensten fremden Ländern erhalten und einen hohen Grad ethischer und literarischer Kenntnisse erreicht hatten. Dieser Umstand im Zusammenhang mit den Arbeitsgemeinschaften und Beziehungen, welche die Essener mit ihren im Ausland bestehenden Zweigen unterhielten, bürgte für eine sehr gute Ausbildung des ihrer Bruderschaft anvertrauten Gottessohnes.

Wir erfuhren aus den Berichten über seine Geburt, wie die Magier des Ostens, die gelehrten, weisen Männer der geheimen Tempel und Führer auf dem Gebiete der Erziehung, zu dem Geburtsorte Jesu kamen, um ihm als dem vorherbestimmten Avatar des neuen Zyklus zu huldigen. Dieses Verhalten der großen Magier zeigt, dass das vorausbestimmte und erwartete kleine Kind von der Bruderschaft und der Großen Weißen Loge aller Länder sein ganzes Leben hindurch geführt und beschützt gewesen wäre. Es ist unter keinen Umständen anzunehmen, dass diese Magi, nachdem sie dem Kinde gehuldigt und es angebetet hatten und nachdem sie wussten, dass Jesus der große erwartete Führer der Menschheit sei, kein weiteres Interesse an seiner Erziehung, Entwicklung und Ausbildung bekundet und keinen Einfluss auf die weitere Gestaltung seines Lebens ausgeübt hätten. Denn ein derartiges Verhalten wäre unerklärlicher und unverständlicher als irgend ein anderer Aspekt des Lebens Jesu, wie er in der autorisierten Übersetzung erscheint.

Nachdem ich klargelegt habe, dass die Essener zur Zeit der Geburt Christi in Galiläa eine große Gemeinschaft bildeten und in verschiedenen Teilen Palästinas Zufluchtsstätten für Arme und Bedürftige errichtet hatten, und dass sie im entfernten Ägypten ihren Haupttempel und in Palästina und in anderen Gegenden kleinere Tempel unterhalten haben, muss ich nun eine weitere Tatsache anführen, die für viele Jahrhunderte geheim gehalten wurde und voraussichtlich manche dunklen Stellen im Schrifttum der Christen und anderer Bekenntnisse klären wird. Von vielen Autoritäten wird in religiösen und kirchlichen Schriften und Enzyklopädien oft auf das Vorhandensein gemeinsamer Interessen zwischen Nazarenern, Nazariten und Essenern hingewiesen, die sie in der Unterhaltung einer großen Schule, eines Kollegiums und eines Klosters auf dem Berge Karmel vereinigten. Die Anführung dieses historischen Ortes im Zusammenhang mit dem Leben Jesu mag für viele Leser überraschend erscheinen. Aus diesem Grunde dürfte eine kurze Zusammenfassung der Geschichte des Berges nicht nur angebracht, sondern für jene von großem Wert sein, die in dieser Hinsicht weitere Forschungen unternehmen wollen.

Es ist nicht genau bekannt, wann Karmel, der geheimnisvolle heilige Berg, für die Einrichtung einer isoliert und geschützt gelegenen Schule der Mystiker und der Großen Weißen Bruderschaft ausersehen wurde. Die frühesten geschichtlichen Ereignisse religiöser Natur, die mit dem Berg Karmel in Zusammenhang stehen, werden mit dem Leben des Elias und seines Sohnes verknüpft. Sowohl die jüdischen Dokumente als auch jene der an der Geschichte des Berges Karmel später sehr interessierten römisch-katholischen Kirche zeigen, dass von der am frühesten bekannten Periode der Geschichte dieses Berges an ein Tabernakel, ein Kloster oder ein Tempel irgendwelcher Art existierte und dass Elias dort einen Tempel und einen Altar vorfand, als er auf diesen Berg ging, um die vielen wunderbaren Dinge durchzuführen, die man von ihm berichtet. Wir wissen von den Hinweisen aus den verschiedenen Urkunden, dass viele bedeutende Meister der Großen Weißen Bruderschaft einen Teil ihres Lebens im Tempel oder im Kloster dieses Berges zubrachten. Auch Pythagoras verweilte längere Zeit dort. In der Darstellung seiner Lebensgeschichte wird auf diesen Zufluchtsort auf dem Berge Karmel als dem „heiligsten aller Berge, verboten dem Zutritt gemeinen Volks“, hingewiesen. Wir finden auch in den Urkunden der römisch-katholischen Kirche, die die Geschichte des Berges Karmel sehr sorgfältig zurückverfolgt hat, Hinweise, dass in alten Zeiten die Heiligkeit von Karmel auch anderen Nationen als den Israeliten bekannt gewesen ist. So ist in der Liste der Orte, die vom ägyptischen König Thothmes III. erobert worden sind, bei Nr. 48 die Rede von dem „Heiligen Vorgebirge von Karmel“. Forscher der Rosenkreuzer-

Geschichte wissen, dass Thothmes III. einer der hervorragenden Begründer der frühen mystischen Schulen Ägyptens und ein Führer der Bewegung zur Gründung der Großen Weißen Bruderschaft gewesen ist. Die Urkunden der Rosenkreuzer führen auch aus, dass Thothmes III. im Jahre 1449 v.Chr. Karmel eroberte und den Berg denjenigen überließ, die auf diesem abgelegenen Platze eine Schule und ein Kloster für die geheimen Lehren zu unterhalten suchten.

Nun ist wohl bekannt, dass Elias Nazarit und Essener war und dass sowohl die jüdischen als auch die römisch-katholischen Urkunden ihn als solchen bezeichnen. Diese eine Tatsache allein schon würde genügen, die Art der Kundgebungen, die Elias auf dem Berge Karmel vollzog, und die Art des Klosters und des Tempels, die auf dem Gipfel des Berges unterhalten wurden, zu charakterisieren.

In vielen Verzeichnissen, Schriften und Papieren der frühkirchlichen Autoren wird eine apokryphe „Apokalypse des Elias“ erwähnt, aus der, wie man sagt, einige Textstellen im Korintherbrief und in anderen Bibelstellen gefunden wurden. Das alte Buch der „Apokalypse des Elias“ war den Mystikern der Großen Weißen Bruderschaft und ist allen Rosenkreuzern des Orients als eine sehr heilige Urkunde der frühen Geschichte und den Lehren der Essener und Nazarenern vertraut.

Während der Lebenszeit des Meisters Jesus und in den frühchristlichen Jahrhunderten war die Apokalypse des Elias sehr wohl bekannt und wurde im Unterricht der fortgeschrittensten Mitglieder der Organisation benutzt. Aber wie viele andere wertvolle aufklärende Urkunden früherer Perioden, die sich mit den geheimeren Lehren befassen, wurde sie dem Gebrauch des Volkes entzogen und „verschwand“. Jedoch fand 1893 der berühmte Geschichtsschreiber Maspero, der mit dem Orden der Rosenkreuzer in Ägypten in Verbindung stand, eine koptische Übersetzung der Apokalypse des Elias in einem der Klöster der Bruderschaft in Oberägypten.

Seitdem wurden in den Archiven der Großen Weißen Bruderschaft noch verschiedene Übersetzungen in andere Sprachen entdeckt und viele in kürzlich herausgegebenen höheren Lehren der Rosenkreuzer benutzt. Aus dieser Apokalypse des Elias und anderen

Rosenkreuzer-Urkunden erfahren wir viel über die Errichtung des Klosters und der Schulen zu Karmel, die als die „Schule der Propheten" und „die Schule der Essener" bekannt waren.

Im Laufe der Jahre besuchten so viele Studierende die Schulen und das Kloster zu Karmel, dass dort eine Gemeinde von Lehrern und Schülern gegründet werden musste. Ihre Mitglieder nahmen eine bestimmte Form der Kleidung an und verbrachten ihr ganzes Leben auf klösterlichem Grund. Ausgenommen war die Zeit, in der sie als Missionare in anderen Ländern wirkten. Hier wurden die meisten alten Manuskripte übersetzt, auf Pergament prachtvoll koloriert und in die verschiedenen Archive der Großen Weißen Bruderschaft in der ganzen Welt gebracht. Auch auf Karmel selbst wurde viele Jahrhunderte lang eine wundervolle Bibliothek unterhalten. Mitglieder der Gemeinschaft waren bei der Pfingstpredigt des hl. Petrus anwesend und errichteten zum Andenken an dieses Geschehnis eine neue Kapelle. Noch viele andere historische Gebäude waren dort vorhanden, so z.B. „El Khadra", die Schule des Propheten, „El Muhraka", die traditionelle Opferstätte des Elias, die „Grotte des Elias" und das Kloster selbst.

Kloster und Schule, die wichtigsten Erziehungsstätten der Großen Weißen Bruderschaft auf dem Berge Karmel, wurden nach christlicher Zeitrechnung um das Jahr 400 aufgegeben und die wundervolle Bibliothek, tausende von Manuskripten und Urkunden, nach einem geheimen Kloster in Tibet gebracht. Dort wurden sie bis heute aufbewahrt, und dort wird jetzt die berühmteste Schule der Mystik und religiösen Literatur unterhalten.* Einige Jahrhunderte nach dem Wegzug der Großen Weißen Bruderschaft vom Berg Karmel wurde ein Mönchsorden gegründet. Die Mitglieder dieser Vereinigung behaupteten, Nachkommen der ursprünglichen Organisation und Anhänger des römisch-katholischen Glaubens zu sein. Ein später entstandener Streit hierüber zog sich durch mehrere Jahrhunderte hin und wurde erst endgültig geschlichtet, als Papst Innozenz XII. im Jahre 1698 entschied, dass der Anspruch der direkten Nachfolge von der neuen Organisation zu Unrecht erhoben worden sei, und dass diese mit der früheren Karmeliter-Bruderschaft nichts gemein habe.

Aus diesem Beschluss erwuchs die gegenwärtige Organisation, deren Mitglieder besonders in England als White Friars bekannt sind, während die römisch-katholische Gesamtvereinigung allgemein als Karmeliter-Orden bezeichnet wird. Und heute erhebt sich inmitten der Ruinen alter Essenergebäude das römisch-katholische Kloster der Karmeliter.

Nach den Rosenkreuzer-Urkunden wurde der junge Jesus im sechsten Lebensjahre in die Schule zu Karmel gebracht, wo seine Vorbereitung und Schulung als Sohn Gottes und Avatar begann. Die Echtheit dieses Berichtes steht außer jedem Zweifel. Er ist an zu vielen Stellen und in zu vielen verschiedenen Zusammenhängen, auch von späteren Ereignissen im Leben Jesu beglaubigt, als dass irgend ein Zweifel an dieser Tatsache aufkommen könnte. Die Urkunden lassen des weiteren erkennen, dass Jesus ein äußerst geschickter und außerordentlich kluger Schüler war und ihm deshalb jeder besondere Vorzug eingeräumt wurde, den die Organisationen in Palästina und Ägypten einem hervorragenden Pflegling überhaupt gewähren konnten. Es ist auch überliefert, dass er bei seiner Aufnahme in die Schule nicht als Jesus, sondern unter dem Namen Joseph eingetragen wurde – eine weitere interessante Tatsache für jene, die Einzelheiten seines Lebens kennen lernen wollen.

Vielfach wird von biblischen Forschern angenommen, der Name Jesus sei dem Kinde in Übereinstimmung mit dem Brauche des Landes bei seiner Beschneidung gegeben worden. Sie kommen zu diesem Urteil, weil er in seinem späteren Leben Jesus genannt und weil bereits vor seiner Geburt gesagt wurde, er solle Jesus heißen. Das Evangelium des Lukas enthält die wohl bekannte Erzählung von dem Engel, der zu Maria sagte, das verheißene Kind solle Jesus genannt werden. Aber diese Aussage wie auch jene des Matthäus sind als Voraussagen aufzufassen. Maria soll ein Kind gebären, das als Jesus bekannt werden soll. Das ist dieselbe Auffassung, wie sie im fünften Kapitel dieses Buches dargelegt wurde. „So soll auch jenes heilige Leben, das von dir gezeugt werden wird, Sohn Gottes genannt werden und den Namen Jesus erhalten." Dass die Namensgebung bei der Beschneidung geschehen sollte, wird in der Bibel nirgends berichtet.

Wir finden diese Namensbezeichnung jedoch in der Geschichte der Kindheit Jesu (Tempelbesuch) und in der Erzählung über die Beschneidung angeführt. Aber diese Angaben wurden dort in der Voraussetzung hinzugefügt, dass der Name, den der Meister später trug, derselbe gewesen sei, wie er ihn bei der Beschneidung erhalten hatte. Denn die Evangelien wurden lange nach der Lebenszeit Jesu geschrieben und enthalten noch ähnliche unbegründete Annahmen und Folgerungen. Erst von der Zeit an, in welcher sich die Jünger um den Herrn sammelten, war dieser als Jesus bekannt und trug diesen Namen. Sie, die ihn nie gekannt und nie getroffen hatten, bevor man ihm den Namen Jesus gab, hatten keinen Grund, anzunehmen, dass er je einen anderen Namen geführt habe. Diese Tatsachen veranlassen uns, die Bedeutung des Namens Jesus zu untersuchen.

Wir wissen, dass die Bezeichnung „Christus" von dem griechischen Worte „Christos" kommt, das Messias bedeutet, und dass sie bei anderen Nationen eingeführt wurde, als die Septuaginta in Vorbereitung war, ungefähr 100 Jahre vor Christi Geburt. Mit „Christos" wurde das Wort „Mashiach" übersetzt. Es bedeutet „der Gesalbte" oder in seiner vollständigen Form „Meschias", „der von Jahwe Gesalbte". Der Titel „Christos" wurde in den mystischen Schulen und im Orient vielen früheren Avataren beigelegt. Sogar Kyros wurde „Christos" genannt. In den Psalmen ist die Pluralform „Christoi" den Patriarchen beigelegt. Sonst ist im Alten Testament die Bezeichnung „Christos" auf einen jüdischen König beschränkt. Die Ausnahme bei Kyros und bei den Patriarchen beweist, dass der Titel für einen in jeder Hinsicht bedeutenden Menschen gebraucht werden konnte. Wenn wir zur Septuaginta zurückkehren, finden wir, dass das Wort „Christos" ursprünglich von dem Namen einer ägyptischen Gottheit stammt. Bekannt ist Hermes, der einen Tempel ohne den Lärm der Axt und des Hammers baute und dessen Namen fälschlich in „Haram von Tyrus" übertragen wurde. Die lateinische Form des griechischen Namens „Hermes" ist „Merkur", die ägyptische Form heißt Tachut. Im Hebräischen bedeutet das Wort Tachut, das im Griechischen hier und da mit Thoth übersetzt wird, soviel wie „unter" und „hienieden". Thoth war der Gott der Maa. Diese ägyptische

Bezeichnung Maa oder Maat bedeutet Wahrheit. Die Wortverbindung Maa kHeru = „wahres Wort" oder „Wort der Wahrheit" bildet die Wurzel des Wortes Mercurius.

Der ägyptische Doppellaut kH ist ein im Rachen stark gehauchtes H. Es wird bei den Griechen mit dem Buchstaben X dargestellt. Der Laut des Zeichens X ist Ch. Das kHeru der Ägypter wäre deshalb „Cheru" auszusprechen und wird als „Ch-R" dargestellt. Diese beiden Buchstaben ergeben in griechischer Schreibweise das berühmte XP oder das Kryptogramm der ersten Christen. Ich habe dieses Zeichen auf vielen Grabsteinen der Katakomben Roms gefunden und zeichnete es ab. In den christlichen historischen Urkunden wird allgemein angenommen, dass sich dieses „XP" auf Christus beziehe. Im Johannesevangelium wird Jesus mit „Logos" bezeichnet, einem Worte von ganz ähnlicher Bedeutung. Daraus ersehen wir, dass die Bezeichnung „Christus" ein Titel war, der in einer ganz bestimmten Hinsicht gebraucht und Personen beigelegt wurde, die von ihrer Geburt an als Boten Gottes erkannt und verehrt wurden.

Das Wort „Jesus" hat einen ähnlichen Sinn. Die hebräische Form des Wortes „Joshua" oder „Jeshua" wurde meist mit „Jesu" übersetzt. Im Griechischen erscheint das Wort mit angehängtem „s". Ursprünglich bedeutete Jeshua „Helfer des Jahweh"; die spätere Bedeutung war „befreien" oder „retten". Daher wurde Jesus „Erlöser" oder „Retter" genannt. In den synoptischen Evangelien finden wir, dass die Jünger ihn anfangs nicht Jesus nannten, sondern ihn als „Rabbi" = Lehrer und „Adonai" = Meister bezeichneten und ihm noch andere Titel der Achtung und der Liebe beilegten. Die Urkunde seines Eintritts in die Schule zu Karmel gibt an, dass er als Joseph, der Sohn des Joseph und der Maria und als Reinkarnation Zoroasters, des Sohnes Gottes, eingeschrieben wurde. Bei welcher Gelegenheit er den Namen Jesus erhielt, ist an einer anderen Stelle dieses Buches ausgeführt.*

* *Anmerkung des Herausgebers*:

Man beachte hier, wie bei allen Bezugnahmen auf die jüngste Geschichte im weiteren Text, dass das vorliegende Werk im Jahre 1929 verfasst wurde.

9. Kapitel

Jesus tritt in den Priesterstand

Die einzige gesicherte Mitteilung, die sich über den frühesten Lebensabschnitt Jesu in den volkstümlichen Erzählungen, besonders aber in jenen kirchlichen Ursprungs findet, berichtet über den wundervollen Eindruck, den das zwölfjährige Kind zur Zeit seines Besuches in Jesusalem auf die Schriftgelehrten und Ältesten der Synagoge gemacht hat. Die der Begebenheit zugrunde liegenden Verhältnisse sind im allgemeinen wenig bekannt. So war es möglich, dass sogar von hervorragenden christlichen Theologen und in fast allen umfassenden Beschreibungen des Lebens Jesu die wirklichen Tatsachen des Besuchs in Jerusalem aus Mangel an Kenntnis der wirklichen Grundlagen missverstanden oder falsch ausgelegt worden sind.

Ich habe schon erwähnt, dass Jesus und seine Eltern, obwohl sie als so genannte „Ungläubige" mit ihren anderen Glaubensgenossen Palästinas in einer gemeinsamen Siedlung wohnten, die jüdischen Gebräuche und Verordnungen dennoch zu beachten hatten. Eine dieser Anordnungen bestimmte auf Grund des strengen jüdischen Gesetzes, dass jeder Knabe in seinem dreizehnten Lebensjahre eines der Feste in Jerusalem zu besuchen hatte. Er war verpflichtet, unter bestimmten Voraussetzungen an einem für solche Fälle eigens bezeichneten Orte zu erscheinen und an einer bestimmten Zeremonie teilzunehmen, die ihn, wie man es nannte, zum „Sohn des Gesetzes" oder zum „Sohn der Thora" erhob.

Die übliche Zeit für einen solchen Besuch war das erste Passahfest nach dem vollendeten zwölften Lebensjahr des Knaben. Nach der bekannten Erzählung nahmen die Eltern Jesu, begleitet von anderen Nazarenern, den Knaben und ihre übrigen Kinder mit nach Jerusalem. Der Wortlaut der christlichen Übersetzung dieser Geschichte scheint anzudeuten, dass es ihre Gewohnheit war, regelmäßig am Feste in Jerusalem teilzunehmen. Dies ist ein offenbarer Irrtum der Schreiber oder Übersetzer, denn die Eltern Jesu pflegten als Ungläubige durchaus nicht alle Feste und Zeremonien der jüdischen Kirche zu besuchen. Das Gesetz forderte dies nur von den streng orthodoxen, mit ganzem Herzen der jüdischen Religion ergebenen Gläubigen. Jesus, der Erstgeborene unter den Kindern der Maria und des Joseph, hatte auch als erster die Vorschrift des jüdischen Gesetzes zu erfüllen. Joseph und Maria waren also zum ersten Male verpflichtet, dem Gesetze des Landes ihre Ehrerbietung zu bekunden. Einige der besten Kenner der Bibel stimmen darin überein, dass die Redewendung „Es war ihre Gewohnheit, zu gehen“ in dem Sinne gelesen werden sollte, den das Partizip „gewöhnen“ in seiner Gegenwartsform ausdrückt. Deshalb verstehen wir, dass Joseph und Maria hocherfreut waren, die Gelegenheit zu einem Besuch des heiligen Tempels in Jerusalem ausnützen zu können und ihr wunderbares Kind zur Ablegung einer formellen Prüfung gern vor die Behörden brachten. Das Passahfest zu Jerusalem fand im Frühjahr statt. Caponius war als römischer Statthalter tätig, und Annas stand dem Tempel als Hohepriester vor. In der Gemeinschaft einer Schar anderer Ungläubiger (Nazarener, Nazariten, Essener) und einiger Juden zog die heilige Familie von Galiläa nach Jerusalem. Die Gefährten sangen auf ihrem Wege und gestalteten diesen Aufbruch zu einem außergewöhnlichen Festzug. Die Zahl dieser Reisenden wurde noch durch andere festlich geschmückte Scharen erhöht, die gemeinsam Osterpsalmen unter Begleitung von Flöten sangen, vielleicht Zweck und Gestaltung der zu erwartenden Zeremonien besprachen. Es war nach damaliger Anschauung eine weite Reise. Eine Fahrt in einem sehr schnellen Automobil von Nazareth nach Jerusalem brachte mich erst nach knapper Tagestour ans Ziel. In der von diesen Pilgern durchquerten schönen Gegend Palästinas, reich an Bergen und Tälern, die sich wundervoll von dem Grün des blumenübersäten Geländes abheben, kann man noch die alte Fährte und den Fußpfad sehen, die über Berg und Tal in einer fast geraden Linie von Nazareth nach Jerusalem führten, stets belebt von Pilgern, die zwischen den beiden Städten hin und her wallfahrten.

Heute noch reisen die Bewohner des Landes auf demselben Pfad, in der gleichen Tracht auf ihren Eseln reitend wie zu Christi Zeiten. Sie bieten ein Bild dar, das uns um Jahrhunderte zurückversetzt. Wenn die müden Pilger endlich die Tore Jerusalems erreicht hatten, war die Frage der Unterkunft und Verpflegung zu lösen, denn das Fest brachte nahezu die gesamte Bevölkerung Palästinas für drei oder vier Tage in und um Jerusalem zusammen. Für Essener, Nazarener und Nazariten war insofern besser gesorgt, als sich am Stadttor, oder nahe bei diesem, besondere Häuser und Anlagen befanden, die zum Besitze der Bruderschaft gehörten und von dieser zur Versorgung der eigenen Leute und zur Aufnahme hilfsbedürftiger Pilger und Fremder benutzt wurden.

Für das Jesuskind, das vielleicht zum ersten Male in seinem Leben auf einer längeren Reise war, muss der Eindruck herrlich gewesen sein. Der Weg zur Schule nach Karmel war im Vergleich zu der langen Entfernung zwischen Nazareth und Jerusalem nur eine kurze Strecke, und wir können uns das Staunen des Kindes über das Zusammentreffen so vieler Pilger, über den Gesang und die Flötenmusik, über den Anblick der an der Seite des Weges Betenden, über alle Erregung und Bewegung, über die Begrüßung und sonstige Begegnungen am Stadttor sehr lebhaft vorstellen.

Bisher wurde nur wenig vom Tempel und dem Sanktuarium gesprochen, in denen Jesus dem Fest beiwohnte. Deshalb dürften an dieser Stelle einige Worte darüber von Interesse sein. Um an den Tempel zu gelangen, hatten die Pilger einen Berg zu besteigen, der mit herrlichen, wohlproportionierten, symmetrisch angeordneten Gebäuden gekrönt war. Die Gesamtanlage war geräumig genug, um nicht weniger als zweihunderttausend Personen zu fassen. Der Berg erhob sich jäh aus dem Tal, einer Insel gleich, die aus dem Meere ragt. Ringsum aber, in dem Grün des Tales, bot sich dem Auge eine Stätte mit Mauern, Palästen, Häusern und Straßen dar, wo schneeweißer Marmor und lauteres Gold im hellen Sonnenlicht glänzten. Der Tempel und das Heiligtum nahmen ungefähr tausend Quadratfuß des Berges ein. Am nordwestlichen Teil, mit dem Hauptgebäude verbunden, lag, besetzt von der römischen Garnison, die Burg Antonia. In den hohen, massigen Mauern waren verschiedene Toröffnungen. Im Norden lag das unbenutzte Teditor und im Osten das Susator, das nach der gekrümmten Landstraße und zum Ölberg hinausführte. Durch die beiden Huldahtore war vom äußeren Hofe aus die Priestervorstadt Ophel durch Tunnels zu erreichen. Vier weitere Tore befanden sich im Westen. Innerhalb der Tore war der Hof von doppelten Säulengängen umgeben. Bänke standen dort für jene bereit, die sich zum Gottesdienst oder zu Beratungen versammelten. Die südlichen Säulengänge mit ihren weiten Zwischenräumen waren die prächtigsten. Die als „Halle Salomonis“ bekannte östliche Säulenanlage galt als die ehrwürdigste. Betritt der Wanderer den Hof von der unterhalb des Johannisturmes gelegenen Brücke aus und schreitet an der südlichen Kolonnade hin bis zum äußersten Osten, so befindet er sich bald an der Stelle jenes Turmes, dessen Krone in der Geschichte der Versuchung als „Zinne“ bezeichnet wird. Von dieser hohen Stelle aus beobachteten und verkündeten die Priester jeden Morgen den Sonnenaufgang. Aus etwa 150 m Tiefe gähnt hier das Tal des Kidron herauf. Inmitten dieser von Säulen begrenzten Fläche befanden sich die Versammlungsräume der drei Sanhedrins (der höchsten Behörden der Juden in kirchlichen und rechtlichen Angelegenheiten). Zunächst waren dort jene des ersten und untersten Sanhedrins, als „Tempel“ bezeichnet, dann jene des zweiten Sanhedrins (einer vermittelnden Berufungsinstanz), genannt „Hof der Priester“, und endlich die Räume des höchsten Gerichtshofes, des „Großen Sanhedrins“ in der „Halle der behauenen Steinquader“.

Wenn man die genannten Säuleneingänge und Hallen in westlicher Richtung verlässt, gelangt man zum „Hof der Ungläubigen“, von den Juden „Berg des Hauses“ genannt. Der umliegende große Platz wurde als „chol“, d.h. als nicht geweihter, weltlicher Ort bezeichnet. Hier hielten sich zur Zeit der Festlichkeiten die „Ungläubigen“ auf, und hier war auch Gelegenheit zum Einkauf notwendiger Artikel und zum Geldwechseln geboten. Eine Mauer bezeichnete die Grenze, die kein Ungläubiger und kein streng orthodoxer Jude überschreiten durfte. Daher hatten sich auch die Essener, Nazariten und Nazarener, sowie jene, die den jüdischen Glauben nicht voll und ganz angenommen hatten, hier an einem eigens für sie bestimmten Platze zu versammeln.

Das Heiligtum selbst lag auf einer Terrasse über dem Hof der Priester. Zwölf Stufen führten zum Vorhof empor, wo in besonderen Räumen das für den Opferdienst Notwendigste aufbewahrt wurde. Vom Vorhof aus führte ein zweiflügeliges Tor in das Heilige. Dieser Raum war in zwei Teile geteilt. Im südlichen befanden sich die goldenen Leuchter, im Norden der Tisch des Schaubrotes und zwischen beiden der goldene Räucheraltar. Der Vorhang, auf den in den Zeremonien der mystischen Tempel Ägyptens so oft hingewiesen wird, und der im Vorhang des jüdischen Heiligtums Nachahmung fand, trennte das Heiligtum vom Allerheiligsten. Dieser Raum des Tempels enthielt nichts als ein Felsstück, den „Ebhen Schethiyah“ oder Grundstein, der nach der Überlieferung die Öffnung der Hölle bedeckte, und auf dem die Erde gegründet wurde.

Diese wenigen Einzelheiten können noch keine vollkommene Vorstellung von der ungeheuren Größe der Tempelanlage vermitteln, denn rings um das Heiligtum und die mit Doppelsäulengängen umgebenen Gerichtshöfe befanden sich allerlei Geschäftsräume und Nebengebäude, die verschiedenen, mit den Gottesdiensten verbundenen Zwecken dienten.

Joseph und seine Eltern versammelten sich mit den übrigen Angehörigen an dem für die Ungläubigen abgeschlossenen Platze. Sie waren verpflichtet, während der ersten zwei Festtage anwesend zu sein. Am dritten Tage wurden für die Strenggläubigen besondere Zeremonien abgehalten. Desgleichen begannen für die noch Anwesenden die so genannten „halbheiligen“ Tage, an denen es erlaubt war, heimzukehren, wenn die Notwendigkeit hierzu bestand. An einem dieser Tage, unmittelbar nach den heiligen Handlungen, wurde Joseph den Schriftgelehrten zur Prüfung und Befragung vorgeführt. Zweifellos waren auch viele andere Kinder seines Alters, die die gleichen Fragen zu beantworten hatten, anwesend. Aber es wird berichtet, dass die Antworten Josephs so starkes Interesse erweckten, dass er, nachdem die üblichen Fragen von allen Kindern beantwortet worden waren und Eltern und Kinder sich entfernt hatten, für weitere

Fragen zurückgehalten und einer besonderen Prüfung unterzogen worden sei. Für diesen Sachverhalt finden wir in alten Urkunden noch weitere Bestätigungen. Wenn nämlich das eigentliche Fest vorüber und die üblichen Zeremonien beendet waren, traten alter Sitte gemäß in den Tagen, die den Ausklang des Festes bildeten, die Gelehrten des Sanhedrin-Tempels öffentlich auf, um auf der Tempelterrasse zu predigen, Lehren zu besprechen, Gerichtsurteile zu verkünden oder Fragen an jene zu stellen, die ihre besondere Aufmerksamkeit erregt hatten. Ein solches Auditorium auf der Terrasse war es, bei dem Joseph und Maria den Knaben fanden, nachdem sie, ihn auf ihrer bereits angetretenen Heimreise unter den anderen Kindern vermissend, wieder nach Jerusalem zurückgekehrt waren, wie die christliche Version der Geschichte berichtet.

Die oben erwähnte Tatsache, dass Kinder von den Gelehrten zu einer besonderen Prüfung zurückgehalten wurden, war durchaus nichts Außergewöhnliches. Viele, die über das Leben Jesu berichteten und viele christliche Autoritäten haben über dieses Ereignis und die Antworten, die die Aufmerksamkeit der Gelehrten auf Jesus gelenkt hatten, eingehende Betrachtungen angestellt. Einige sind nun zu dem Schluss gekommen, dass Jesus an der so genannten Kallah, einer Vereinigung von Gelehrten und bestbefähigten Studierenden zur Besprechung der Lehren, Einrichtungen, Sitten und Gebräuchen des Judentums teilgenommen habe. Solche Sitzungen erforderten für die vortragenden Rabbiner oder Gelehrten beträchtliche Vorbereitung, aber auch ansehnliche Kenntnisse des Talmud bei den anwesenden Hörern.

Viele dieser Unterredungen befassten sich mit der Ausarbeitung und Festsetzung neuer Regeln und Anordnungen, desgleichen mit der autoritativen Erklärung jüdischer Verordnungen. So war z.B. der berühmte Hillel Mitglied einer solchen Vereinigung. Er wurde für seine dort gelieferte Beweisführung, dass es richtig sei, das jüdische Osterfest auf einen Sabbat zu verlegen, und für andere Verdienste, hoch geehrt. Es kann kaum angenommen werden, dass der jugendliche Joseph an solchen, in der Kallah allgemein üblichen Besprechungen teilnehmen konnte oder wollte, auch wenn die Gelehrten ihn hierfür als alt und klug genug angesehen hätten. Zudem war Joseph ein Ungläubiger. Auch dies hätte verhindert, dass er an dieser Vereinigung, der nur die streng Orthodoxen angehören konnten, teilnahm. Ferner ist in Betracht zu ziehen, dass diese Beratungen im Elul, das ist im letzten Sommermonat vor dem Neujahrsfest, sowie im Adar, dem letzten Wintermonat, unmittelbar vor dem jüdischen Osterfest veranstaltet wurden, während Joseph das Passahfest im Frühjahr besuchte.

Einige theologische Schriftsteller vertreten die Meinung, dass Joseph beim Eintritt in den neuen Abschnitt seines Lebens von seinen Eltern über seine göttliche Geburt und seine Gottessohnschaft unterrichtet und aufgeklärt wurde und diese Tatsachen den Gelehrten des Tempels unterbreitet und ihre Konsequenzen mit ihnen besprochen habe. Diese Erklärung ist unwahrscheinlicher als irgend eine andere. Denn der Jüngling hatte mit seinem Gang zum Tempel ein Gesetz zu erfüllen, durch welches Verlauf und Ziel der Handlung genau umrissen waren, sodass es ihm nichts genützt hätte, unter Berufung auf seine göttliche Bestimmung zu widersprechen. Im übrigen ist es in der Tat sehr fraglich, ob die zu den Verhandlungen versammelten Gelehrten unter Vernachlässigung ihrer eigenen Geschäfte ihm irgend eine Einrede oder Erklärung zu Gunsten seiner eigenen göttlichen Stellung im Leben erlaubt hätten.

Aber wir können durchaus richtig verstehen, was geschah, wenn wir die Tatsachen sprechen lassen und uns die ganze Situation nochmals vergegenwärtigen. Die Jugend Palästinas wurde aufgerufen, in ihrem dreizehnten Lebensjahre zum Tempel zu kommen, um an dem Passahfest teilzunehmen und sich dabei zum Gehorsam gegen das jüdische religiöse Gesetz zu verpflichten. Es handelte sich dabei um eine rein formelle Eintragung, die dazu bestimmt war, die Kirche mit einer vollständigen Liste derer zu versorgen, die das Alter kirchlicher Selbstständigkeit erreicht hatten und als Gläubige oder Ungläubige gezählt werden konnten.

Es war deshalb natürlich, dass die Teilnahme am Feste von der Beantwortung einer Reihe von Fragen kategorischer Art abhängig gemacht wurde, die die religiöse Treue und das Verständnis desjenigen erweisen sollte, der sich zur Teilnahme am Fest meldete. Diese Fragen, vor vielen Jahren zusammengestellt, wurden als ständige Prüfungsfragen betrachtet. Der Katechismus für die Ungläubigen war merklich anders als der für die im streng orthodoxen Glauben Geborenen und Erzogenen. Deshalb hatten auch die in der Ungläubigensektion versammelten jugendlichen Festteilnehmer andere Fragen zu beantworten als die in der Abteilung für Rechtgläubige versammelte orthodoxe Jugend.

Unsere Urkunden deuten darauf hin, dass Joseph durch seine Erziehung auf dem Berg Karmel und seine Beziehungen zu orthodoxen Juden geziemend vorbereitet war, die Fragen zu beantworten, die an einen als „ungläubig" Registrierten bei dem Fest gestellt werden konnten. Die Überzeugung, dass die Beantwortung der allgemein an die Jugend gestellten Fragen ihrem Sohne keinerlei Schwierigkeiten bereiten würde, veranlasste die Eltern, ihr Kind in der Jugendabteilung alleine zu lassen, während sie sich in einem Nebengebäude einer Prüfung für erwachsene Ungläubige unterzogen, um formell zur Teilnahme am Passahfest vorbereitet zu sein. Es war vermutlich geplant, dass der junge Joseph, nachdem er seine Prüfung abgelegt und in der Gemeinschaft der anderen Kinder der Ungläubigenabteilung das Heiligtum besucht hatte, seine Eltern auf dem allgemeinen Hofe treffen und den Heimweg nach Galiläa mit ihnen antreten solle.

Nach der Geschichte begaben sich die Eltern mit ihren anderen Kindern und einer großen Schar von Pilgern, die nach Galiläa zurückkehrten, auf den Heimweg. Erst auf halbem Wege entdeckten sie, dass sich der junge Joseph nicht in der großen Gesellschaft der Wanderer befand. Dass seine Abwesenheit während des ersten Teiles der Reise nicht bemerkt wurde, lässt klar erkennen, dass er im Stande und gehalten war, sich selbst zu versorgen und seine Interessen selbst zu vertreten, sodass die Eltern sich mehr um die Versorgung der jüngeren Familienmitglieder kümmern konnten.

Dass der junge Joseph wohlerzogen, geistig ungemein rege und in jeder Hinsicht fähig war, für sich selbst zu sorgen, erkennen wir nicht bloß an diesem Vorgang, sondern an seinem gesamten Auftreten in Jerusalem. Es wird berichtet, dass Joseph bei der Beantwortung der in der formellen Prüfung der Jugend gestellten Fragen Erklärungen über einige dogmatische Punkte gab, die eine bessere Auffassung, tiefere Einsicht und einen höheren Idealismus nach der mystischen Seite hin bekundetenals es bei irgend einem anderen Prüfling der Fall war. Dies überraschte die Gelehrten derart, dass sie, nachdem sie ihre Arbeit beendigt und an dem Passahfest teilgenommen hatten, den Knaben aufforderten, zurückzubleiben. Er wurde sodann zu einer Abteilung der Gelehrten des Großen Sanhedrins gerufen, weiter befragt und endlich ersucht, bis zum folgenden Tag innerhalb des Tempelgebietes zu verweilen, da er in einer Sitzung der höchsten Beamten, Priester und Lehrer zu weiterer Befragung veranlasst werden würde. In dieser Versammlung wurde der junge Joseph am dritten Tage gefunden.

Nach den mir vorliegenden Urkunden äußerte sich der junge Joseph weder mit besonderem Nachdruck über seine heilige Bestimmung als Gottesbote, noch wies er ausdrücklich auf seine vorbestimmte Lebensmission hin. Er erklärte, ein Studierender spezieller Probleme der Essener auf dem Berge Karmel zu sein, der nach dem Willen der Bruderschaft beabsichtige, verschiedene höhere Unterrichtsanstalten fremder Länder, einschließlich der Akademie und der mystischen Schule in Heliopolis, zu besuchen. Welchen Eindruck dies auf die jüdischen Gelehrten gemacht haben mag, wird nicht berichtet. Eine an den jungen Joseph gestellte Frage lässt jedoch erkennen, dass sie sofort vermuteten, er sei im Werke der Bruderschaft als künftiger Führer bestimmt. Jedoch hätte dies an und für sich bei den Gelehrten keinerlei Neugierde oder besonderes Interesse erregt. Augenscheinlich hatten sie auch insofern nichts dagegen einzuwenden, als sie keine Absicht Josephs merkten, sich der Annahme der formellen Erklärung zu widersetzen, die ihn zu einem naturalisierten Juden des Landes machte.

Überraschung und starkes Interesse fand jedoch die ungewöhnliche Einsicht des jungen Joseph auf religiösem, theologischem und mystischem Gebiet und seine klare Auslegung geistiger Gesetze. Wenn der junge Joseph den Gelehrten verschiedene, von den Essenern entwickelte Grundsätze darlegte und sich dabei als der fähige

Schüler erwies, von dem die Urkunden der Bruderschaft zu berichten wissen, so ist es nicht erstaunlich, dass seine Ausführungen verwunderten, denn diese Wissenschaftler waren wohl in den überlieferten Lehren ihres Glaubens bewandert, nicht aber an die Entwicklung neuerer höherer Ideen, wie sie in der Bruderschaft gelehrt wurden.

Der junge Joseph erklärte jedoch mit sehr bestimmtem Ausdruck, dass er in wenigen Monaten die einleitenden Instruktionskurse an der Schule in Karmel beenden und dann gemäß den Regeln und Einrichtungen der Organisation im Frühherbst Galiläa und Palästina für viele Jahre verlassen und an Schulen in fremden Ländern studieren werde. Auf diese Weise begründete er, warum er dem Befehl zur förmlichen Eintragung zwar nachkommen, nicht aber versprechen konnte, die Synagogen regelmäßig zu besuchen und ein treuer Jünger des jüdischen Glaubens zu werden. Die Tatsache, dass Jesus beschnitten worden war, machte ihn potenziell, d.h. in der Befähigung, aber noch nicht in der Wirklichkeit, zum Juden. Er war Jude, insofern als er als Ungläubiger an der wesentlichen Vorbereitung für den Übertritt zum jüdischen Glauben teilgenommen hatte. Es gab für die jüdische Kirche keine Möglichkeit, diesen Jüngling oder irgend einen anderen jungen Mann aus den Reihen der Ungläubigen zu zwingen, ein orthodoxer Anhänger der jüdischen Religion zu werden.

Der junge Joseph war nicht der erste strebsame Jüngling jenes Landes, den es nach Ägypten und in andere Länder zog, um eine höhere Ausbildung und einen besseren Zugang mit den verschiedenartigsten Verhältnissen und Angelegenheiten des Lebens zu erlangen. Der feste Entschluss Josephs, zur Vervollkommnung seiner Ausbildung in fremde Länder zu reisen, erregte bei diesen Gelehrten nicht das geringste Erstaunen. Seine ganze Haltung und die freie, natürliche Art, mit der er von seinen Plänen sprach, machte einen überraschenden Eindruck auf die Männer, welche von der Jugend ihres Landes mehr Zurückhaltung und weniger Selbstständigkeit gewohnt waren.

Als nun die Eltern den Knaben mitten unter den Gelehrten sitzend antrafen, ihn herbeiriefen und von dem Kummer und der Sorge erzählten, die sie wegen seines Zurückbleibens ausgestanden hatten, da mag er ihnen die aus der Bibel bekannte Erwiderung gegeben haben, von der unsere Urkunden überhaupt nichts enthalten. Wenn er sagte, dass er in Wahrnehmung der Angelegenheiten seines Vaters tätig gewesen sei, so können wir dies in dem Sinne verstehen, dass er sich damit auf den gesamten Plan seines Lebens bezog. Sicher fühlte er, dass er begonnen hatte, den Willen seines Vaters zu erfüllen, wenn er seinen Vorgesetzten die Art seines Glaubens und seiner Überzeugung, die Notwendigkeit der beabsichtigten Reise in fremde Länder und die Einschränkung von Besuchen der Synagogen Palästinas klarmachte.

Nachdem der junge Joseph und seine Eltern wieder in ihr Heimatdorf zurückgekehrt waren, besuchte der Jüngling weiter die Schule zu Karmel, um dort zu leben und nach vollendeter Zeit sein vorbereitendes Studium abzuschließen.

10. Kapitel

Jesus tritt in den Geheimen Priesterstand ein

Zwischen dem Erscheinen Jesu vor den Gelehrten in Jerusalem und dem Beginn seiner Mission in Palästina liegt ein Abschnitt seines Lebens, über den die christlichen Evangelien wenig berichten. Es ist bekannt, dass die erste biblische Erzählung über die Vorbereitung Jesu für sein Werk als Gottessohn mit seiner Taufe am Jordan im Zusammenhang steht. Bekannt ist ferner, dass Jesus zu dieser Zeit aus Galiläa kam, um sich der Öffentlichkeit vorzustellen. Es leuchtet ein, dass die Taufe Jesu nicht der Anfang seiner Vorbereitung für das geistliche Amt gewesen sein kann; denn ein Werk so wirksam zu führen, wie Jesus dies durch viele Jahre tat, erfordert sicherlich mehr Vorbereitung. Ich habe in vorausgegangenen Abschnitten dieses Buches ausgeführt, dass es vernunftswidrig wäre, zu glauben, für Jesus sei eine Vorbereitung auf sein geistliches Amt unnötig gewesen. Ich habe zu zeigen versucht, dass ganz im Gegenteil Jesu ganzes Leben Zeugnis gab von tiefem Studium, sorgfältiger Vorbereitung und außerordentlich sorgsamer Führung in seiner Jugendzeit.

Wir kommen nun zu einem Abschnitt seines Lebens, der um so interessanter ist, als er den Studierenden der christlichen Lehren allgemein unbekannt bleibt, jedoch im Lichte des von Jesus erfüllten Lebenswerkes betrachtet, bedeutsam ist.

Nach den Essener-Urkunden beendigte der junge Joseph noch im 13. Lebensjahre, im Frühherbst, seine offizielle Schulung. Trotz seiner geistigen Reife und seiner hervorragenden Begabung hatte man ihm nicht erlaubt, die vorgeschriebene Studienzeit und Vorbereitung in der Schule der Propheten zu Karmel abzukürzen. Es muss deshalb angenommen werden, dass ihm gewissenhafte Beachtung zuteil wurde, dass befähigte Lehrer durch die Behandlung spezieller Wissensgebiete seine Ausbildung zu erweitern und ihn mit der

Vertiefung der neu erworbenen Kenntnisse bis zur vorgeschriebenen Zeit seiner Überweisung an andere Lehrer und Schulen zu beschäftigen suchten.

Die Urkunden geben einen klaren und deutlichen Überblick über die Ereignisse seines Lebens vom Zeitpunkt seines Wegganges von Karmel bis zur Bereitschaft für seine große Mission. Eine ins einzelne gehende Darstellung dieser Geschehnisse seines Lebens würde, zu umfangreich und stellenweise unwichtig, dem Umfang und Charakter dieses Buches nicht entsprechen. Die wesentlichsten Punkte und die interessantesten Vorfälle sollen im folgenden jedoch dargestellt werden.

Nach den Anweisungen, die vom Höchsten Tempel zu Heliopolis an die Schule zu Karmel gesandt wurden, hatte der junge Avatar seine Ausbildung durch ein ausgiebiges Studium der alten Religionen und der Lehren jener Vereinigungen und Glaubensbekenntnisse zu vollenden, die die Kulturentwicklung am meisten beeinflusst hatten. Dadurch sollte Jesus mit den Lehrsätzen der so genannten heidnischen Religionen vertraut werden, ehe er das Studium der Entwicklung von den untersten Stufen heidnischen Glaubens und heidnischer Rituale bis zu den Höhen der Grundsätze und Bekenntnisse beginnen konnte, wie sie in den mystischen Schulen Ägyptens gelehrt und von der Großen Weißen Bruderschaft verbreitet wurden.

Wer sich heute als Studierender auf ein geistliches Amt vorbereitet, kann sich die zum Vergleich der verschiedenartigen Religionssysteme notwendigen Kenntnisse verhältnismäßig leicht aneignen. Denn ehe an den Universitäten und theologischen Hochschulen die neuzeitlichen Formen der Theologie behandelt werden, werden zunächst die vorhandenen heiligen Bücher und Schriften der alten Religionen sorgfältig analysiert und durchgearbeitet. Um mit ihnen bekannt zu werden und mit den Schulen der Ethik in Verbindung zu kommen, besteht durchaus keine Notwendigkeit, das Land zu verlassen oder zu fremden Stätten zu reisen.

In damaliger Zeit aber wurde es für jeden Studierenden der Religion oder der Philosophie als notwendig erachtet, nach dem Schauplatz einer jeden dieser alten Religionen zu reisen, um sich

Einsicht in die meist einzigen Exemplare authentischer Darstellung der Religionssysteme zu verschaffen, Gelegenheit zu finden, unter den Anhängern dieser Religionen zu leben und mit den Ritualen, feierlichen Gebräuchen und sonstigen Gepflogenheiten innig bekannt zu werden. Viele der großen Avatare der Vergangenheit hatten zu diesem Zwecke weite Reisen zu unternehmen. Die günstige Folge davon war, dass die Kenntnis der verschiedenen Lehren der alten Religionen allgemein verbreitet wurde.

So ward der junge Joseph der Obhut zweier Magier anvertraut, die nach Karmel kamen, um ihn zur weit entfernten Schule, dem Orte seiner ersten Erfahrungen, zu geleiten. Vor der Abreise – so berichten die Urkunden – erhielt Joseph die Erlaubnis, etwa eine Woche bei seinen Eltern in Galiläa zuzubringen. Die Magier trafen unterdessen ihre Vorbereitungen, berieten sich mit den Leitern der Schule zu Karmel und unterrichteten auch die Eltern Josephs über alles, was sie erwarten und in ihres Sohnes Abwesenheit befolgen sollten. Ehe Joseph und die Magier ihre Reise von Galiläa aus antraten, veranstalteten die Essener – so erzählen die Urkunden – auf einem ihrer kleinen Versammlungsplätze ein Fest. Ohne unnötige Aufmerksamkeit zu erregen, brachen die Magier mit dem Knaben, von einer Schar anderer eine Strecke begleitet, zur Reise auf und zogen in einer Karawane auf dem kürzesten Wege nach Jagannath. Diese Stadt, deren jetziger Name Puri ist, liegt an der Ostküste Indiens. Sie war durch viele Jahrhunderte der Mittelpunkt des reinen Buddhismus. An einem Berge des nahe an der Stadtgrenze liegenden Bezirks war ein Kloster oder eine Schule. Dort befanden sich viele alte buddhistische Schriften, und die fähigsten Kenner und Interpreten buddhistischer Lehren lebten und wirkten dort. Die Karawane, der sich auf dem Wege noch andere Reisende angeschlossen hatten, brauchte nahezu ein Jahr, bis sie diesen Punkt Indiens erreicht hatte. Während dieser Zeit bot sich für die Magier genug Gelegenheit, Joseph weiter zu unterrichten. Viele Heimsuchungen und Drangsale boten ihnen Veranlassung, ihren Schüler auf die Leiden der Menschheit im allgemeinen, auf die Schwachheit wie auch auf die Kraft menschlichen Strebens und auf die üblichen Enttäuschungen des Lebens hinzuweisen.

Nach den Urkunden blieb der junge Joseph etwas über ein Jahr in der Schule des Klosters und wurde vertraut mit den alten Lehren und den hoch entwickelten Ritualen des buddhistischen Glaubens. Der bedeutendste Lehrer des jungen Josephs war zu dieser Zeit Lamaas. Joseph fühlte sich derart zu ihm hingezogen, dass er ihn später einlud, nach Palästina zu kommen, um mit der Essener-Bruderschaft zusammenzuarbeiten. Als für den jungen Joseph die Zeit gekommen war, das Kloster zu Jagannath zu verlassen, besuchte er das Gangestal und brachte einige Monate in Benares zu. Wenn damals das berühmte Kloser zu Lhasa in Tibet, das Hauptquartier für Mitglieder der Großen Weißen Bruderschaft aus aller Welt, schon bestanden hätte, hätten Joseph und die ihn begleitenden Magier ihre Schritte bestimmt auch dorthin gelenkt und beträchtliche Zeit dort zugebracht. In Benares hatte Joseph Gelegenheit, an Schulen, die durch die Höhe ihrer Bildung und Gelehrsamkeit berühmt waren, sein Wissen in der Ethik, in den Naturgesetzen, in den Sprachen und in anderen Disziplinen zu erweitern. Auch die Heilmethoden der Hindus erregten hier Josephs Aufmerksamkeit in hohem Maße. Er nahm an einem kurzen Lehrgang über die Grundlagen dieser Heilweise teil, den Udraka, der nach allgemeiner Annahme berühmteste Hinduarzt, leitete.

Nach einem Besuche anderer Gegenden Indiens, mehr zu dem Zwecke unternommen, mit der Kunst, der Gesetzgebung und der Kultur des Volkes in Berührung zu kommen, kehrte Joseph in das Kloster zu Jagannath zurück und blieb dort noch weitere zwei Jahre. Seine Fortschritte waren nun derart, dass er einem Lehrer der kleinen Stadt Katak zugewiesen werden konnte. Hier fand er die erste Gelegenheit, mit der Kunst des Lehrens und Unterrichtens durch die Anwendung von Gleichnissen und Erzählungen vertraut zu werden.

Sein Umgang mit ausgezeichneten Lehrern und Gelehrten in Benares brachte dem jungen Joseph den Besuch eines Hohepriesters von Lahore ein. Aus den Urkunden geht hervor, dass er damals bereits seine Vorträge und Unterweisungen für Kinder auf neuen Ideen und bewährten mystischen Grundlagen aufgebaut hatte. Diese fanden den Beifall der Verständigen unter den Hörern, verursachten aber den Widerspruch der unwissenden und streng orthodoxen Hindus. Deshalb lernte er früh in seinem Leben kennen, was es heißt, neben Freunden auch Feinde zu haben. Der Hohepriester zu Lahore wollte Joseph dafür gewinnen, kleine Änderungen in seiner Lehrmethode vorzunehmen und gleichzeitig auch seinen Umgang mit der niedrigsten Kaste und dem gewöhnlichen Volke einzustellen. Hier wurde Joseph zum ersten Male versucht, vom Kontakt mit dem einfachen Volk abzusehen und seine Haltung so einzurichten, wie es Aristokraten und Einflussreichen geziemt. Der junge Joseph hörte jedoch nicht auf die Bitten der Hohepriester und weigerte sich, hierfür gebotene Geschenke anzunehmen.

Während Joseph so bittere Tropfen des Lebens zu kosten bekam, erhielt er die traurige Nachricht vom Heimgange seines Vaters und die Mitteilung, dass seine Mutter sich gräme und niemand sie trösten könne. Boten unterrichteten ihn, dass keine Nachricht von ihm in die Heimat gelangt sei und seine Mutter nicht erfahren könne, wo er sich aufhalte. Sie sei untröstlich, obgleich ihr von den Essenern mitgeteilt worden war, dass das Stillschweigen des jungen Josephs im Voraus bestimmt sei und er sich in guter Obhut befinde. Aus dieser Zeit stammen die ersten verbürgten Worte Jesu, die genau aufgezeichnet wurden und erhalten blieben. Nach den verschiedenen Übersetzungen lautet die Mitteilung, die er seiner Mutter durch Boten der Essener zukommen ließ, sinngemäß wie folgt:

Liebe Mutter, sei nicht betrübt, denn alles ist gut für Vater und auch für dich. Er hat sein Werk auf Erden erfüllt und immer edel gehandelt. Niemand kann ihn in irgendeiner Unternehmung seines Lebens der Falschheit, Unehrenhaftigkeit oder unrechter Absichten bezichtigen. Während seines Lebens hat er viele bedeutende Aufgaben erfüllt und ist wahrhaft vorbereitet aus unserer Mitte gegangen, um die in Zukunft seiner wartenden Aufgaben zu lösen. Unser Gott, der Vater unser aller, ist jetzt mit ihm, wie er vorher mit ihm gewesen war. Und gerade jetzt bewachen himmlische Heerscharen seine Schritte und beschützen ihn auf seinem Wege. Warum solltest du deshalb leiden und weinen? Tränen werden deinen Kummer nicht besiegen, und deine Sorge kann durch Erregungen des Herzens und der Seele nicht überwunden werden. Versenke dich oft in stille

Betrachtung und verbinde dich mit ihm, der gegangen ist. Wenn du nicht untätig bist, wird für Kummer kein Raum sein. Wenn Kummer dein Herz füllt und Angst Schmerz hervorruft, erhebe dich in höhere Sphären und ergib dich dem Dienste der Liebe. Dein Dienst ist stets der der Liebe gewesen und in der Bruderschaft kannst du viel Gelegenheit finden, den Ruf der Welt nach mehr Liebe zu erwidern. Deshalb lass das Vergangene ruhen. Sei über die irdischen Sorgen erhaben, und widme dein Leben jenen, die noch auf Erden leben. Wenn dein Leben vorüber ist, wirst du es wieder finden in der Sonne des Morgens oder in der Dämmerung des Abends, in dem Gesange der Vögel, dem Wohlgeruche der Blumen und in dem geheimnisvollen Licht der Sterne der Nacht. Denn es wird nicht lange währen, bis auch deine Aufgaben und Mühen hienieden beendet sein werden. Und wenn alles gezählt und geordnet ist, wirst du für den höheren Bereich des Strebens bereit sein und die höheren Aufgaben der Seele lösen können. Versuche deshalb, zufrieden zu sein, bis ich in Bälde zu dir kommen und dir reichere Gaben bringe, als du jemals gesehen, wertvollere als Gold und kostbare Steine. Ich bin überzeugt, dass meine Brüder für dich sorgen werden und dich mit dem Nötigsten versehen. Ich werde immer in Gedanken und im Geiste bei dir sein. – dein Sohn Joseph.“

Dieser Brief und andere, in den folgenden Jahren verfasste Schreiben, die sorgfältig aufgezeichnet und bewahrt wurden, zeigen deutlich die rasche geistige Entwicklung und die wunderbare Auffassungsgabe des Gottessohnes für kosmische Gesetze und Lehren. Aus einigen alten Aufzeichnungen geht hervor, dass Joseph nach Beendigung des Studiums des Buddhismus und der Hindulehren von Indien nach Lhasa in Tibet gereist sei. Dies ist aber nicht richtig. Diese Annahme ist auf Josephs schriftlichen Verkehr mit Meng-tse, den man als den größten aller buddhistischen Weisen betrachtete, zurückzuführen. Denn noch zur Zeit seines Aufenthalts in Indien überbrachte ihm eines Tages ein von Meng-tse gesandter Bote verschiedene Manuskripte des buddhistischen Tempels in Lhasa. Daraus entwickelte sich der geraume Zeit dauernde Schriftwechsel mit seinen Auswirkungen auf Josephs Leben. Als dieser in der Lage war,

Jagannath zu verlassen, führte ihn seine Reise westwärts nach Persien. Dort waren in der Stadt Persepolis Vorkehrungen für sein weiteres Studium getroffen. Persepolis war eine der alten Königsstädte und als Hauptsitz der gelehrten Magier Hor, Lun und Ner bekannt. Einer dieser Weisen, zur Zeit der Ankunft Josephs ein alter Mann, hatte als einer der drei Weisen aus dem Morgenland das göttliche Kind in der Essenergrotte besucht und Geschenke seines Klosters aus Persien überreicht.

Joseph wurde von diesen Magiern und Tempelpriestern mit Ehrerbietung behandelt. Aus verschiedenen Teilen Persiens kamen damals weise Männer nach Persepolis und verweilten dort während der Ausbildungszeit Josephs als Lehrende und Studierende. Es wird berichtet, dass Joseph täglich nach dem Unterricht gebeten wurde, sie über höhere Erkenntnisse und Einsichten zu unterrichten, die er selbst offenbar intuitiv empfing.

In diesem Zusammenhang erklärte Joseph den Ältesten schließlich einmal, dass er seine besten Erkenntnisse dann erhalte, wenn er sich nach der Betrachtung eines beim Lesen und Studieren gefundenen wichtigen Gesetzes in Schweigen versetzt habe. So begründete Joseph ein System des „Eintretens in das Schweigen", das ein wichtiges Merkmal späterer mystischer Methoden geworden ist. In Persepolis lieferte Joseph auch Beweise der in ihm wohnenden Heilkraft. Nach monatelanger Selbstbeobachtung und Erforschung der zutage tretenden Erscheinungen eröffnete er seinen Lehrern, dass der Glaube oder die innere Einstellung und Einstimmung des Kranken einen beträchtlichen Einfluss auf den Heilerfolg hätten. Dies war für die späteren Lehren der geheimen Konklaven der Jünger Jesu grundlegend: Innere oder psychische Einstellung und geistige Bereitschaft sind bei allen Formen des geistigen Heilens notwendig.

Nach einjährigem Aufenthalt in Persien setzten Joseph und seine Führer ihre Reise nach dem Euphrat fort. Hier traf er mit den berühmtesten Weisen Assyriens und mit Magiern aus anderen Ländern zusammen, die kamen, um ihn zu sehen und anzuhören. Er hatte durch seine verständliche und sinnbildliche Auslegung geistiger Gesetze große Aufmerksamkeit erregt. Joseph weilte längere Zeit in den größeren und kleineren Städten Chaldäas und in den Ländern zwischen Euphrat und Tigris. Seine Heilkräfte und Heilmethoden erlangten bald eine solche Vollkommenheit, dass seine Tätigkeit in diesen Ländern vielen zum Wohle gereichte. Um diese Zeit teilten ihm die beiden Weisen, seine ständigen Begleiter, mit, dass seine Entwicklung der Heilkraft zu den Aufgaben der entscheidenden Prüfung gehöre, die er zum Beweise seiner Eignung für seine endgültige Mission abzulegen habe.

Darauf reisten Joseph und seine Führer nach dem zerstörten Babylon und verbrachten einige Zeit mit der Untersuchung der verfallenen Tempel, zerstörten Tore und leeren Paläste. Hier wurde er mit den Leiden und Drangsalen der in babylonischer Gefangenschaft gehaltenen früheren Stamme Israels vertraut, sah, wo Daniel und die hebräische Jugend ihre großen Heimsuchungen zu bestehen hatten und erhielt zweifellos einen Eindruck von den Sünden und den Verirrungen des alten Glaubens.

Später kam Joseph mit seinen Führern nach Griechenland und trat mit einigen Philosophen Athens in Verbindung. Er stand unter der persönlichen Führung und Obhut des Apollonius, der ihm die alten Urkunden griechischer Wissenschaft erklärte. Auch hier erregte Joseph unter den Weisen und Magiern ungewöhnliche Aufmerksamkeit, und sie ersuchten ihn dringend, längere Zeit zu bleiben. Sein Reiseplan war jedoch genau festgelegt und nach wenigen Monaten schon segelte er von der griechischen Küste nach Alexandria.

Dort blieb er nur eine kurze Zeit, die ausgefüllt war von der Begrüßung durch einen besonderen Boten und dem Besuch einiger heiliger Stätten. Unmittelbar danach geleitete man ihn zur Stadt Heliopolis, bestimmte dort ein eigenes Haus für ihn, stellte ihm mehrere Diener und einen herrlichen Garten zur Verfügung, desgleichen einen persönlichen Begleiter, dessen Tätigkeit etwa der eines neuzeitlichen Privatsekretärs entsprach.

Kurz nach seiner Ankunft in Heliopolis kamen Vertreter der heidnischen Priesterschaft Ägyptens, die von seinen Lehren und Beweisen mystischer Kraft gehört hatten, zu ihm und – sie verwarfen seine Lehren. Wiederum hatte er die Bitternisse des Lebens in vielen

Versuchungen und Leiden zu kosten, die einen gewöhnlichen Menschen veranlasst hätten, dem Ansinnen der Priesterschaft gemäß, bei seinen Zielen und Absichten zu Heuchelei und Täuschung Zuflucht zu nehmen.

Zu diesem Zeitpunkt seines Lebens begann Joseph mit den Vorbereitungen zum Eintritt in die höheren Grade der Großen Weißen Brüderschaft. Davon soll das nächste Kapitel handeln, denn diese Einzelheiten sind einer vollständigen Darbietung wert.

Anmerkung des Herausgebers: In der Zeitschrift Illustrated Weekly of India vom 7. Juli 1974, ist unter der Fotografie eines alten Tempels folgende Bildunterschrift zu lesen: „DAS GRAB JESU in Srinagar". Vor 83 Jahren erklärte Mirza Ghulam Achmad Qadiani, dass Christus nicht, wie die Christen glauben, gekreuzigt wurde und auferstanden ist. Auch fuhr er nicht in den Himmel auf und lebt dort heute noch, wie die Moslems glauben. Der Prophet aus dem Pandschab gründet seine Behauptung auf das Studium alter Texte und eine eigene Interpretation des Korans. Er versuchte zu beweisen, dass Christus der Kreuzigung entkam und nach Kaschmir floh, wo er mit 120 Jahren starb. Nehru schreibt in seinem Werk Glimpses of World History: In ganz Zentralasien, in Kaschmir, Ladakh, Tibet und sogar noch weiter im Norden herrscht noch heute der starke Glaube, dass Jesus oder Isa, wie die Moslems ihn nennen, sich dort aufgehalten habe. Dies ist ganz und gar nicht unwahrscheinlich."

11. Kapitel

Jesus erlangt die Meisterwürde

Um Jesu Fortschreiten durch die verschiedenen, zur Meisterwürde der Priesterschaft führenden Grade richtig verstehen zu können, ist es notwendig, auf die Tätigkeit der Großen Weißen Bruderschaft, in die er eingeweiht wurde, näher einzugehen. Die Große Weiße Bruderschaft, auf die schon oft hingewiesen wurde, war keine Organisation im Sinne einer religiösen Gemeinschaft. Sie wurde in ihrer ursprünglichen Form von den Vorfahren Amenhoteps IV., eines Pharaos von Ägypten, gegründet, der in der philosophischen Literatur als Echnaton bekannt ist. Wir wissen nicht genau, welcher von diesen Vorfahren die Gründung der Bruderschaft in die Wege leitete, aber wir wissen, dass Thothmes III. viele wichtige Regeln und Anordnungen zur Führung der Bruderschaft festlegte, und dass diese Ordnung durch viele Jahrhunderte in Kraft blieb. Nach einer Rosenkreuzer-Urkunde bildeten am Ende seiner Regierung 1447 vor Christi Geburt 39 Männer und Frauen den Rat der geheimen Bruderschaft. Die Versammlungen dieses Rates wurden in einer der Hallen des Tempels zu Karnak bei Luxor abgehalten. Dort war auch in zwei von Thothmes errichteten Obelisken die berühmte Kartusche eingemeißelt, derer sich die Organisation – heute Rosenkreuzer-Orden genannt – in Ägypten und Amerika als Siegel bedient. Bei der Übernahme dieser Kartusche als Siegel für die Organisation finden wir in den Aufzeichnungen für den Gebrauch folgenden Text:

„Zum Zeugnis unseres großen Lehrers
und Meisters für immer ein Zeichen
der Ehre und Pflichttreue."

Sohn und Enkel von Thothmes III. veranlassten die Weiterführung der geheimen Bruderschaft und förderten sie in ihrem Wachstum und in ihrer Tätigkeit.

Als Reorganisator erscheint der erwähnte Amenhotep IV., ein Großenkel Thothmes III., geboren 1378 v.Chr. Er ist der Begründer der gegenwärtig geltenden Regeln und Ordnungen der weltberühmten Großen Weißen Bruderschaft, die sich aus der in alten Zeiten gegründeten geheimen Bruderschaft entwickelt hat.

Die ursprüngliche Absicht der geheimen Bruderschaft war darauf gerichtet, die weisesten Männer und Frauen Ägyptens, besonders aber die hervorragendsten Gelehrten, einander näherzubringen, damit die reichen wissenschaftlichen Erkenntnisse zur Aufklärung der Welt in ihren Einzelheiten besprochen, aufgezeichnet und aufbewahrt werden konnten. Ägypten war damals der Mittelpunkt der Weltkultur und der wissenschaftlichen Forschung. Dies bekundete der bemerkenswerte Fortschritt in den allgemeinen Wissenschaften, der vom Volk der Ägypter unter Führung seiner Gelehrten erreicht worden war. Nach Ägypten zogen Studierende aus allen Teilen der Welt, um die höchste Ausbildung zu erlangen und mit den unter der Leitung der geheimen Bruderschaft stehenden so genannten mystischen Schulen in Fühlung zu treten.

Amenhotep IV. war die Reinkarnation eines früheren, bedeutenden Avatars und wurde von den Geschichtsschreibern als erster großer „Weltbürger" bezeichnet. Sein Leben und Wirken war tatsächlich von großer Bedeutung für die Welt, denn er leistete während seiner kurzen Lebenszeit mehr für den Fortschritt von Philosophie, Religion und Ethik als irgend einer seiner Vorgänger. Er unternahm scharfe Angriffe gegen die das Volk knechtende, heidnische Priesterschaft und begründete die erste monotheistische Religion der Welt. Er erklärte, dass es nicht eine Vielheit von Göttern gebe, sondern Einer der Höchste sei, der „ewig alleinige Gott". In seinen Lehren, die von der Großen Weißen Bruderschaft anerkannt wurden, legte er den Grundstein für den heutigen Monotheismus und für viele Lehren und Bekenntnisse der hebräischen und christlichen Religion.

Zu seiner Zeit lebten die Kinder Israels in Ägypten, und die Führer ihrer Stämme waren Mitglieder der Großen Weißen Bruderschaft. Damals wurde Moses als einer der Eingeweihten mit den religiösen Grundsätzen vertraut, die er nach einigen Änderungen bei denen einführte, die ihm nach dem Auszuge aus Ägypten durch die Wüste ins Gelobte Land folgten. Vor dem Auszuge der Stämme Israels aus Ägypten hatte Moses Amenhoteps Hilfe gegen die heidnische Priesterschaft erbeten. Diese wurde durch den König und die Große Weiße Bruderschaft im geheimen geleistet, sodass die Israeliten den Nachstellungen der heidnischen Priesterschaft entgingen und ungestört abreisen konnten.

In einem früheren Abschnitt dieses Buches wurde berichtet, dass im Zeitraum der letzten zehn Jahrhunderte vor Christi Geburt Vereinigungen der Großen Weißen Bruderschaft unter verschiedenen Namen in vielen Ländern der Welt errichtet wurden. Die ursprüngliche Gemeinschaft der ägyptischen Mitglieder wurde als internationaler Rat oder als höchste aller Körperschaften bestimmt. Sie erhielt den Namen Große Weiße Bruderschaft und nahm schließlich das Rosenkreuz-Emblem als esoterisches Symbol an. Den Zweigniederlassungen der verschiedenen Länder aber war es gestattet, den Namen ihrer Gemeinschaft nach der Eigenart ihrer Sprache und ihres eigenen Empfindens frei zu wählen. So nahm ein bedeutender, in Heliopolis entstandener Zweig der Bruderschaft den Namen „Essener“ an, den auch eine weitere Abzweigung im nördlichen Teil Palästinas später führte, während in Griechenland der Name „Therapeutes“ und in anderen Ländern diese oder jene andere Benennung gewählt wurde. Jedoch benutzten alle diese Zweige dieselben Zeichen und Symbole, befolgten dieselben Regeln und Ordnungen und waren der Großen Weißen Bruderschaft in Ägypten als höchster Stelle treu ergeben.

Aus den Klöstern, Schulen und Tempeln der Großen Weißen Bruderschaft und ihrer Gruppen ging weitaus die Mehrzahl der berühmten Philosophen, Lehrer, Priester und Avatare der späteren Zeit hervor. Auch heute, da die Bezeichnung „Rosenkreuzer-Orden“ zum ausschließlichen Namen der Organisation wurde, finden wir in den verschiedenen Zweigen der Bruderschaft Mitglieder, die sich für das geistliche Amt vorbereiten oder Stellen als Professoren und Lehrer an Hochschulen anstreben und andere, die als hervorragende Ärzte auf den verschiedenen Gebieten der Therapeutik, einschließlich der Medizin und Chirurgie, tätig sein wollen, während wieder andere sich für mannigfache wissenschaftliche Forschungsarbeit vorbereiten. In der Vereinigung finden wir ferner viele Männer und Frauen, die sich mit dem Studium der Rosenkreuzer-Lehren befassen. Sie tun dies um des daraus entspringenden persönlichen Nutzens und um der Unterstützung willen, welche ihnen die Organisation durch persönliche Belehrung zur Verbesserung ihrer Lebensverhältnisse gibt, ferner zur geistigen Entfaltung und Erweckung jener latenten oder ungenutzten Kräfte, die sie befähigen, den höchsten Grad des Erfolges und Glückes in ihrer ureigenen, persönlichen Lebensgestaltung zu erreichen. Daher war es nur natürlich, dass der neue große Avatar ein Mitglied der Organisation sein sollte, der die meisten Avatare vergangener Jahrhunderte angehört hatten. Es war auch folgerichtig und begreiflich, dass der junge Gottessohn die hervorragenden Schulen und Lehrer in Ägypten aufsuchte, um seine Vorbereitung fortzusetzen und die endgültige Ausbildung zur Erfüllung seiner göttlichen Mission zu erlangen.

Ehe ein Eingeweihter der Großen Weißen Bruderschaft in die Welt hinaustreten und sein Wissen und seine Lehre zum Zwecke einer kulturfördernden Aufklärung und einer allmählichen Höherführung der Menschheit verkünden konnte, musste er in einer Weise geprüft und erprobt werden, die die Organisation von seiner Fähigkeit, sie würdig zu vertreten, überzeugte. Ferner musste er zeigen, dass er gegen die Lockungen und Versuchungen, die ihm bei der Durchführung seiner Mission unvermeidlich entgegentreten würden, gewappnet war. So finden wir nun Joseph am endgültigen Abschluss seiner Vorbereitung für die symbolischen Proben und Einweihungen bereit, welche zur Erlangung des Grades der Meisterschaft führen und ihn berechtigen würden, hinauszuziehen in die Welt, um seine Mission – kosmischer und göttlicher Vorausbestimmung gemäß – zu erfüllen.

Als Joseph zum Eintritt in das höchste Collegium und in das Kloster der Bruderschaft zu Heliopolis bereit war, wurde ihm eine dreimonatige Klausur in der Stille seines Heims vorgeschrieben, die mit Betrachtung, Gebet und Studium ausgefüllt sein sollte. Während dieser Zeit – so sagte man ihm – würden viele hervorragende Meister der Bruderschaft in einem geistigen Prozess kosmisch oder psychisch mit ihm verbunden sein.

Auf Grund der Urkunden wurde bereits mitgeteilt, dass Joseph mit jeglichem Komfort einer behaglichen Einrichtung umgeben war und ihm für sein Studium die seltensten Manuskripte mit Texten alter Lehren und Glaubensbekenntnisse zur Verfügung standen. Über Josephs erste Prüfung wird nun berichtet, es sei in einer Nacht um die Mitternachtsstunde eine Tür seines Zimmers geöffnet worden, ein Priester in orientalischer Tracht sei eingetreten und habe begonnen, mit Joseph zu diskutieren. Joseph solle seine Absicht aufgeben, noch länger in Ägypten zu verweilen, um die Anerkennung der Großen Weißen Bruderschaft anzustreben, denn seine Pläne fänden den Widerstand der ägyptischen Priesterschaft, die ihm nach dem Leben trachte, oder ihn gefangen nehmen wolle. Schließlich zeigte ihm der Priester Mittel und Wege, Ägypten auf einfache Weise heimlich zu verlassen, um nach Palästina zurückzukehren und so den drohenden Gefahren zu entgehen. Joseph hatte bereits viele Beweise der Feindschaft erfahren, die seine Anwesenheit in Ägypten erregt hatte. Wiederholt bekam er die Bitternisse des Lebens zu kosten. Daher bedeuteten die Warnungen und das Angebot des Priesters sicherlich eine große Verlockung für ihn. Trotzdem weigerte er sich ganz entschieden, seine Pläne aufzugeben oder seinen Entschluss zu ändern und schloss die Diskussion mit den Worten: „Ich werde nicht falsch handeln, noch meine Überzeugung für die Sicherheit meines Lebens verkaufen. Ich werde niemanden täuschen und will an keiner Heuchelei teilhaben. Kehre zu den Deinen zurück und sage ihnen, dass ich meinen Gott und mir selbst treu bleiben werde."

Sein Entschluss wurde der obersten Leitung der Bruderschaft mitgeteilt und Joseph wurde aufgefordert, vor ihnen zu erscheinen. Als er kam, legte ihm der Hierophant seine Hand aufs Haupt und übergab ihm eine Rolle, auf der nur ein Wort geschrieben stand, – „Redlichkeit". Damit wusste Joseph, dass der Besuch des Priesters eine Prüfung seiner Standhaftigkeit gewesen, und dass er nicht unterlegen war.

Einige Wochen später besuchte ein anderer Bote Joseph in seinem Heim und erzählte ihm eine sehr interessante Geschichte. Er sei – so behauptete er – einmal in der gleichen Lage gewesen, in der Joseph sich eben befinde. Alle Verführungen, wie auch die Feindseligkeiten der ägyptischen Priester habe er überstanden und sei seinem Entschlusse, ein Meister zu werden, treu geblieben. Er behauptete, hohe Grade in der Bruderschaft erreicht zu haben und schließlich zu den bedeutsamsten Zeremonien und den geheimen Konklaven zugelassen worden zu sein. Dann aber habe er plötzlich erkannt, dass das ganze Werk Betrug sei. Es sei Brauch, falschen Göttern Opfer darzubringen, bei denen unschuldige Kinder, Frauen, Männer und Tiere verbrannt würden. Er sei schließlich entflohen und bitte Joseph nun dringend, sich seine zukünftige Handlungsweise zu überlegen und einzuhalten, bevor es zu spät sei. Als Joseph ihn fragte, auf welche Weise er Zutritt zu seinem Zimmer erhalten habe, antwortete der Mann, dass er als ein der Bruderschaft vertrauter Priester die Möglichkeiten kenne, die es ihm erlauben, jedes Gebäude der Bruderschaft zu betreten. Joseph nannte den Mann einen Verräter und sagte, dass er sich weigere, auf einen Menschen zu hören, dessen Hände nicht rein seien, und der für seine Behauptungen nicht bessere Gründe angeben könne, als er es getan habe. Der Mann verschwand, und wieder wurde Joseph vor den Hierophanten geladen, der ihm abermals die Hand aufs Haupt legte und ihm eine, das einzige Wort „Gerechtigkeit“ enthaltende Rolle übergab. Und Joseph erfuhr, dass dies eine weitere Probe war, die er erfolgreich bestanden hatte.

Ungefähr einen Monat später, als Joseph eines Nachmittags zu stiller Betrachtung in seinem Sanktum weilte, näherte sich ihm ein anderer Priester. Dieser fing an, Bemerkungen über die Großartigkeit und Pracht der von Joseph bewohnten Zimmer zu machen. Hierauf lenkte er Josephs Aufmerksamkeit auf die Tatsache, dass die Bruderschaft diese prachtvolle Umgebung gerade für ihn vorgesehen habe. Für sie gelte Joseph offenbar als der Bedeutendste von allen. Sein Ruhm, den er als Heilender in fremden Ländern erreicht, die wundervollen Auslegungen, die er auf die Fragen in Indien und Persien gegeben habe, dies alles habe bewiesen, dass er der größte Philosoph, der größte Mystiker und der größte Lehrer der Welt sei. Deshalb drang er in ihn mit der Frage: Warum sich an die Vorschriften der Bruderschaft halten, statt in die Welt hinaus zu treten, selbst eine Priesterschaft zu gründen, die – alle anderen übertreffend – ihn zu triumphalem Erfolge führen müsste?

Es wird berichtet, dass dieser Mann dem jungen Joseph dies alles in sehr beredter Weise aufs verlockendste darstellte, den rosigen Pfad zum Ruhme, den jubelnden Beifall der Massen, den Weg zu Wohlstand und Ehre und zu unbegrenzter Macht. Im wohl gewählten psychologischen Moment seine lockenden Darbietungen plötzlich abbrechend, zog er sich zurück. Viele Tage kämpfte Joseph mit den Vorstellungen, die seinem Geiste eingepflanzt worden waren, doch immer wieder drang aus seinem Inneren die Stimme, die ihm klar den Weg bezeichnete. Schließlich sandte Joseph dem Mann eine Botschaft. Er sei dankbar für den Kampf in seinem Inneren und für den Sieg seines göttlichen Ichs. Er wünsche weder Pracht, noch Ruhm, noch Reichtum, er suche Gelegenheit, zu dienen und seinen Glauben zu bewahren, solange Leben in ihm sei. Und nochmals wurde er vor den Hierophanten gerufen und ihm eine Rolle ausgehändigt, auf der nur das Wort „Glaube“ stand. Joseph aber erfuhr, dass dies ein weiterer Versuch war, ihn zu prüfen, und dass er erfolgreich bestanden hatte.

So erfüllte Joseph die Anforderungen der ersten drei Grade der Einweihung, die eine Reihe von Prüfungen und Versuchungen darstellen, um dann für den wichtigen vierten Grad der Bruderschaft zugelassen zu werden. Nachdem er diese und weitere von den Konklaven der Hohepriester zu entscheidende Prüfungen bestanden hatte, wurde er schließlich mit dem Meistertitel ausgezeichnet und als vorschriftsmäßig vorbereiteter und bewährter Meister der Großen Weißen Bruderschaft in den höchsten Kreis aufgenommen. Der Titel „Meister“ wurde von den Essenern immer gebraucht, wenn der Name Jesus in Verbindung mit seinem geistlichen Amte genannt wurde. Handelte es sich aber um die Besprechung einer mit der Person Jesu verbundenen öffentlichen Angelegenheit oder um eine über ihn geführte allgemeine Unterhaltung außerhalb seiner speziellen Tätigkeit, so wurde die Bezeichnung „Heiliger Sohn Gottes“ gewählt. Mit dem Meistertitel wurde Jesus auch von vielen Juden angesprochen, die ihn um seines Werkes und seiner Belehrung willen bewunderten. Besonders ehrerbietig wurde der Titel von jenen gebraucht, die seine wirkliche Bedeutung kannten, genau so ehrerbietig wie heutzutage von den Rosenkreuzern, wenn sie vom Großen Meister Jesus sprechen.

12. Kapitel

Jesus erreicht die Christuswürde

Nachdem Joseph in der Großen Weißen Bruderschaft den Meistergrad erlangt hatte, war er als einer der gelehrtesten Hohepriester nur dem Hierophanten untergeordnet. Diese Stellung berechtigte ihn, den höchsten Konklaven beizuwohnen, an den geheimsten und erhabensten Zeremonien teilzunehmen, sich zu bestimmten kosmischen Zeiten des Jahres transzendentalen Beobachtungen zu widmen und sich mithilfe der höchsten geistigen Gesetze mit dem Gottbewusstsein in Einklang zu bringen. Es kann angenommen werden, dass keine irdische Macht und sicherlich auch kein irdischer Ratsbeschluss dem Meister Jesus das besondere Recht solcher Übereinstimmungen mit dem Gottbewusstsein bewilligen oder versagen konnte, da er göttlich bestimmt, göttlich empfangen, göttlich geboren und als Sohn Gottes und Erlöser der Welt auserwählt war. Diese Annahme ist zweifellos berechtigt. Nirgends in den Urkunden, nirgends in den gegenwärtigen Lehren der Rosenkreuzer wird angedeutet, dass Jesus nicht fähig gewesen wäre, sich ebenso vollkommen mit dem Gottbewusstsein in Übereinstimmung zu fühlen, sich des göttlichen Wesens in ihm oder des Christus-Seins bewusst zu werden, wenn er sich die von der Großen Weißen Bruderschaft gebotenen Vorbereitungen und Erfahrungen nicht zu Nutze gemacht hätte.

Von der ersten Stunde seines Erdenlebens an standen alle Magi, Weisen, Hohepriester und hervorragenden Ratgeber der Bruderschaft hinsichtlich der Gotteserkenntnis und der geistigen Vorbereitung für die große Mission unter ihm. Trotzdem darf es nicht als Anmaßung dieser großen Männer angesehen werden, wenn sie in Erfüllung ihres altehrwürdigen Dienstes Joseph, den Größten unter ihnen, als Neophyten annahmen, ihm alle üblichen Versuchungen und Prüfungen auferlegten und ihm jede Gelegenheit zu seiner

Entwicklung boten. Joseph betrachtete die Einstellung der Bruderschaft zu seiner Behandlung als Neophyt, der vorbereitet werden musste, trotz seiner gehobenen Stellung nicht als Zeichen mangelnder Ehrerbietung. Wir werden später sehen, dass Joseph, nachdem er alle von der Bruderschaft verordneten Vorbereitungen erfüllt und die Befähigung zur Lösung seiner Lebensaufgabe zugesprochen erhalten hatte, sich freiwillig für einen endgültigen Akt der Vorbereitung anbot. Er wurde von der Erkenntnis geleitet, dass die in Frage kommenden Maßnahmen zur Erfüllung des von ihm begehrten, kosmisch geplanten Werkes notwendig seien. In diesem Zusammenhang will ich hier die weiteren von Joseph in den Jahren seines ägyptischen Aufenthaltes erfüllten Einweihungszeremonien und Vorbereitungsmaßnahmen skizzieren. Diese waren nur den hohen Eingeweihten der Bruderschaft bekannt. Jesus hat sie während seiner ganzen Mission niemandem offenbart. Nur die Apostel, die er sorgfältig auswählte und als geistlichen Rat um sich vereinigte, weihte er ein, wie er eingeweiht worden war. Ich glaube kaum, dass meine Leser die Veröffentlichung in einer für die allgemeine Öffentlichkeit bestimmten Schrift erwarten, bin jedoch überzeugt, dass die Echtheit einer gedruckten Urkunde, die den Anspruch erhebt, solche Einzelheiten zu enthalten, mit vollem Recht bezweifelt würde. Jedoch ist es möglich, von dem letzten und endgültigen Akte der Vorbereitung Josephs für sein geistliches Amt zu sprechen, der in der großen Pyramide stattfand, die heute als Cheopspyramide bekannt ist.

In verschiedenen Büchern und Zeitschriften wurde in vergangenen Jahren des öfteren auf die Zimmer und die geheimen Räumlichkeiten der großen Pyramide hingewiesen. Aber auch die gedrängteste Schilderung der komplizierten Anlage von Gängen und Räumlichkeiten in und unter diesem gewaltigen Bauwerke muss hier unterbleiben, da sie mehr Raum beanspruchen würde, als der Gesamtdarstellung dienlich wäre. Dem gewöhnlichen Reisenden und Besucher Ägyptens, der die verschiedenen Pyramiden außerhalb Kairos unweit der berühmten Sphinx fast als Einheit gruppiert sieht, erzählt man allgemein, dass die Pyramide als Gruft gebaut sei und ein massives Kunstwerk über einer Grabstelle darstelle. Selbst der bestinformierte

Führer, der die Touristen zu der Pyramide begleitet, will nicht wissen, dass es geheime Gemächer und Räumlichkeiten für Zeremonien in diesem einzigartigen Gebäude gibt. Als ich jedoch kürzlich in Gesellschaft einiger hoher Würdenträger des Rosenkreuzerordens von Ägypten und einer Anzahl amerikanischer Vertreter des Ordens die Pyramiden besuchte, wurde uns erlaubt, die geheimen Räume zu betreten und die in unseren Urkunden enthaltenen Angaben bestätigt zu finden.

Meine Leser werden überrascht sein, zu erfahren, dass in den alten Zeiten der Zutritt zu den bedeutendsten zeremoniellen Räumen der Pyramide nicht durch einen Toreingang der Pyramide selbst, sondern durch einen geheimen Gang erfolgte, der zwischen den beiden kolossalen Tatzen der Sphinx eingebaut war. Diese Tatzen ruhten auf hohen Grundmauern, die die seitliche Begrenzung eines vor der Sphinx liegenden Hofes bildeten, in dessen Mitte sich ein Altar befand. Hinter diesem Altar lag, noch teilweise an den Ruinen erkennbar, gerade unter der Brust der Sphinx der geheime Torweg, wohl bewacht und nur durch Anwendung geheimer Vorrichtungen zu öffnen, die wenigen bekannt waren. Der lange unterirdische Gang führte unter der Sphinx, unter der Sandwüste und den Grundmauern der Pyramide hin zu der großen Empfangshalle der Pyramide. Wenn die Neophyten nach entsprechender Vorbereitung für würdig gehalten wurden, die Geheimnisse des Eingangs zu den Pyramiden zu erfahren, durften sie den vor der Sphinx befindlichen äußeren Hof betreten und erhielten dort die erste Einführung in die höheren Grade der Bruderschaft. Solche Zeremonien fanden gewöhnlich um Mitternacht statt. Die Neophyten und die wenigen Leiter der Zeremonien des äußeren Hofes legten ihren Weg zu dem heiligen Platz einzeln zurück, wohl bewacht und beschützt von eingeweihten Brüdern, die an verschiedenen Punkten in der Nähe der Sphinx und der Pyramiden als Beobachter und Schildwächter verweilten. Nur jene, welche schon an den Zeremonien innerhalb der Pyramide teilgenommen hatten, wussten von dem geheimen Eingangswege und von dem Vorhandensein der Räume und Gänge. Joseph wurde zu einer vorbereitenden Zeremonie, die um Mitternacht stattfand, zu diesem äußeren Hof der Sphinx gebracht und mit einer purpurroten Robe bekleidet. Nach Vollendung der Zeremonie wurde er durch den unterirdischen Gang in den Empfangsraum unterhalb der Pyramide geleitet. An weitere zeremonielle Handlungen in diesem Raum schloss sich die hehre Zeremonie der Erhebung zur höchsten Stufe der Einweihung an. Zu diesem Zwecke wurde Joseph zunächst über verschiedene Aufstiege in einzelne, übereinander liegende Stockwerke innerhalb der Pyramide geführt. Auf jeder dieser Abstufungen befand sich ein kleiner Raum. Nach Erreichung des obersten, genau in der Mitte der Pyramide gelegenen Raumes fand dort die endgültige Weihe statt. Während der Weihe wurde das königliche Diadem auf Josephs Haupt gesetzt, um anzudeuten, dass er nicht mehr Neophyt oder ein den Genossen der Bruderschaft gleichgestellter Meister sei, sondern der Bedeutendste von allen. Die Durchführung der feierlichen hohepriesterlichen Zeremonie erreichte ihren Höhepunkt in einem Akt des Schweigens und der Meditation, solange Joseph vor dem Altar kniete. Den Raum, der sonst nur von Kerzen und drei Fackeln erhellt war, erfüllte plötzlich ein großes Licht.Umflossen von dem Glanze, senkte eine weiße Taube sich herab und ruhte auf dem Haupte Josephs. Als der Hierophant sich erhob, begannen in tiefer gelegenen Räumen der Pyramide die Glocken das große Ereignis der Welt zu verkünden. Eine lichte Gestalt, einem engelhaften Wesen gleich, erhob sich hinter dem Hierophanten und befahl Joseph, sich zu erheben. Dies geschah, und die Stimme des Engels verkündete:

„Dies ist Jesus Christus; erhebt euch!“

Alle Anwesenden sprachen wie aus einem Munde:

„Amen“.

Das Vorstehende ist nur ein kurzer Abriss des Verlaufes der letzten Zeremonie. Der Bericht über die Einzelheiten stellt eine der malerischsten und vollendetsten Aufzeichnungen dar, die jemals in den geheimen Schriften der Bruderschaft niedergelegt wurden, und man weiß, dass eine Feierlichkeit der geschilderten Art seit damals nicht mehr stattfand. Nach Abschluss der heiligen Handlung versammelten sich die beteiligten Führer und Mitglieder des Hohen Rates um Joseph, der nun den Namen Jesus erhalten hatte und als Christus anerkannt war. Ihm huldigend, erblickten sie in ihm die „Inkarnation des Wortes“ oder „das lebendige Wort (Logos)“. Hieran schloss sich der feierliche Zug nach den unteren Räumen der Pyramide, wo das erste heilige Abendmahl als symbolisches Fest abgehalten wurde.

Am nächsten Tage gingen Boten von Ägypten aus nach allen Ländern, in denen sich Vereinigungen der Bruderschaft befanden. Dort hatten sie die baldige Ankunft des Heilandes und den Beginn seiner Erlösungsmission zu verkünden. Unter diesen Boten befand sich auch ein gewisser Johannes aus der Essener-Bruderschaft in Palästina, der die Schulen Ägyptens besucht hatte, um sich für sein Lebenswerk vorzubereiten. Er war als Reinkarnation des Elias bekannt, und man sandte ihn deshalb nach Palästina, in das Land, wo er als Elias einmal zuvor als Avatar gedient und das Kloster Zu Karmel besucht hatte. Wie die anderen Boten, so hatte auch er den Auftrag, die Ankunft Christi zu verkünden.

Und so wurde allen auf die Ankunft des Herrn wartenden Menschen die frohe Botschaft verkündet, dass das große Werk Jesu, des Christus, begonnen habe.

Das abgebildete Symbol wird oft die gekreuzigte Schlange genannt. Dieses Kreuz mit der Schlange oder mit einer Taube, auch mit einer Rose oder der Sonne, finden wir in vielen alten Urkunden. Das Schlangenkruzifix stellt in der alten Symbolik die Sonne dar, die ihre Macht verloren hat. In einigen mystischen Schriften wurde es als Emblem für die Kreuzigung Christi verwendet. Es sollte mit ihm angedeutet werden, dass der Sohn Gottes seine göttliche Macht durch die Kreuzigung verloren hatte.

13. Kapitel

Der mystische Anfang der Christusmission

Als Johannes Palästina erreicht hatte, zeigte er sich dem Volk in einfachster Kleidung und größter Bescheidenheit. Seine Aufgabe war es, gerade den Demütigen und Armen im Geiste die Ankunft des Erlösers zu verkünden. Er bot insofern eine vollkommen neue Lehre dar, als er in seiner Predigt die Taufe als Symbol der Erlösung von den Sünden und als Sinnbild der geistigen Wiedergeburt bezeichnete.

Es ist angebracht, hier darauf hinzuweisen, dass die Taufe oder das Eintauchen in Wasser und der Gebrauch des Wassers zur Reinigung im symbolischen oder kosmischen Sinne von El-Moria in die Bräuche und Zeremonien der Großen Weißen Bruderschaft eingeführt wurde. Er war einer der großen Avatare aus den Anfangszeiten der Bruderschaft und erkannte durch Meditation und kosmische Erleuchtung, dass das Wasser nicht nur physisch, sondern auch kosmisch ein reinigendes Element darstellt. Durch seine gelehrten Diskussionen vor dem Hohen Rate der Bruderschaft veranlasste er, dass in den mystischen Tempeln Ägyptens und anderer Länder vor dem Altar ein Becken für reines Wasser eingebaut wurde. El-Moria war auch der Stifter der öffentlichen Taufe als eines Symbols geistiger Wiedererstehung. Er führte sie in jene Zeremonien ein, die er am Moerissee in der Fayum-Provinz Ägyptens, einem Mittelpunkt frühester und fortschrittlichster ägyptischer Kultur, durchführte.

Vor kurzem unternahm ich mit anderen Mitgliedern der Bruderschaft eine Reise in diese Gegend. Ich sah den herrlichen See. Weit entfernt vom Nil, inmitten einer einsamen Landschaft gelegen, enthält er noch heute ein Geheimnis. Es gelang noch nicht, den Ursprung seines schönen Wassers zu entdecken. Viele von uns unterzogen sich hier der Taufe in ihrer ursprünglichen Form und höchsten Erhabenheit und erneuerten auf diese Weise symbolisch einen alten feierlichen Brauch. Und so ist es in der Geschichte der Rosenkreuzer-Bruderschaft seit der vorchristlichen Zeit das erste Mal gewesen, dass sich eine größere Anzahl von Männern und Frauen in ehrwürdiger Gemeinschaft an dieser Zeremonie beteiligte. Natürlich ist es auch als erstes Mal in der Geschichte überhaupt zu verzeichnen, dass eine Gesellschaft religiöser Menschen aus Amerika die Taufe am Ufer des Moerissees empfing. Wie dieser herrliche See durch Jahrhunderte von der Gegenwart europäischer und amerikanischer Reisender unberührt blieb, so ist auch seine Geschichte, sind auch seine Beziehungen zu dem christlichen Sakrament der Taufe gut tausend Jahre hindurch unbekannt gewesen. Nur die Vereinigungen der Bruderschaft in Tibet, Indien und Ägypten wussten um seine Bedeutung.

Der jüdischen Bevölkerung Palästinas galt Johannes als Abkömmling des großen Stammes Juda. Aus der Wüste kommend, trat er in geistlicher Würde als Asket in ihre Mitte. Sein Kamelhaarumhang war das Symbol der Buße und seine Sprache die der alten Propheten. Er wählte das Ufer des Jordans als Feld seiner Tätigkeit. An die Armen und Elenden sich wendend, erweckte er die Aufmerksamkeit der Masse des Volkes, die trunken schien von seinen Worten und aus seiner Botschaft frohe Hoffnung schöpfte. Mit der Wahl des Jordantales hatte Johannes einen Platz gewonnen, der, von der Welt abgeschnitten, sich von den übrigen Teilen Palästinas stark unterschied. Ringsum zeigte das Wüstengebiet vulkanische Gesteinsbildung und die für die Vulkantätigkeit typische Zerstörung der Landschaft. Allenthalben war das von Johannes ausgewählte Flussufer als „See der Einsamkeit“ bekannt. Aber hier hatten die Essener ihre wunderbaren Zeremonien abgehalten und ihre ersten Gemeinschaften errichtet. Daher war hier für Johannes heiliger Boden.

Die Botschaft des Johannes behandelte, was die meisten Juden in ihrem Erdendasein zu erleben hofften, die Ankunft des Messias. Er ermahnte sie, sich im Geiste der Buße auf seine Ankunft vorzubereiten. Sein Eifer und die Überzeugung, mit welcher er verkündete, dass nur die Bußfertigen, Geläuterten und von Sünden Befreiten den Messias sehen würden, ärgerte die Selbstgerechten und widerstrebte den Strenggläubigen.

Aus allen Gegenden Palästinas strömten die Menschen herbei, um die Botschaft des Johannes zu hören und bei den Zeremonien im Wasser des Flusses anwesend zu sein. Um diese Zeit vernahm man auch aus benachbarten Ländern, dass andere Propheten dort die Ankunft des Messias verkündeten. Immer wieder wurde von der alten Prophezeiung geredet, dass der Sohn Gottes aus dem Lande Ägypten kommen werde.

Lagerplätze entstanden am Ufer des Sees, wo fromme Menschen für Wochen in der Hoffnung verweilten, der Messias werde zu gegebener Zeit inmitten der Tausenden erscheinen, die hier an Festtagen zusammenströmten. Besonders Eifrige erbaten sich die Erlaubnis zur Gründung einer Jüngergruppe, um beim Werk des Johannes mitzuwirken und ihm zu dienen im beginnenden heiligen Kampf. Gerüchte über diesen Plan erreichten die Herrscher Palästinas und die Priester zu Jerusalem. Beide begannen sich über die Erregung des Volkes unbehaglich zu fühlen. Auch andere Ereignisse in Palästina schienen anzuzeigen, dass eine große Krise im Entstehen war. Kaiser Tiberius, bereits 74 Jahre alt, frönte auf Capri allen Lastern der Ausschweifung und beschleunigte so sein nahendes Ende. Und Pontius Pilatus konnte sich nicht genug tun, die Juden zu hassen und zu verfolgen.

Inmitten dieser Zustände geschah es, dass Jesus in aller Stille und unbeachtet nach Galiläa zurückkehrte, dort seine Mutter und seine Geschwister in ihrem kleinen Haus aufsuchte und geduldig die Stunde erwartete, die ihm Gelegenheit zum öffentlichen Auftreten bieten sollte. Er erhielt die Nachricht über das von Johannes begonnene Werk und über den Eifer des Johannes, alle mit Wasser zu taufen, die der Wiedergeburt und der Vergebung der Sünden teilhaftig werden wollten. Endlich entschloss sich Jesus, den Ungläubigen Galiläas ein gutes Beispiel zu geben, ging an den Jordan und unterwarf sich selbst der Taufe des Johannes. Und so geschah es, dass Jesus eines Tages unter den Scharen derer stand, die am Jordan versammelt waren, der Predigt des Johannes zu lauschen. Er hörte des Predigers donnernde Stimme: „Tut Buße, bereitet dem Herrn den Weg und ebnet seine Pfade!“ Er sah, wie Johannes jeden Verlangenden taufte, die Handlung in das berühmte Prophetenwort kleidend: „Ich taufe mit Wasser, er aber wird euch mit Feuer taufen."

Da trat Jesus vor und stand Johannes zum ersten Male wieder gegenüber, seit sie sich in einer der Konklaven Ägyptens getroffen hatten. Sofort erkannte Johannes den Herrn und kreuzte die Arme über der Brust. Die rechte Hand über das Herz , die linke auf die rechte Brustseite legend, entbot er ihm den unter Essenern üblichen Gruß, den Jesus in ähnlicher Weise erwiderte. Das kurze Gespräch der beiden ist in verschiedenen Wiedergaben aufgezeichnet und bringt allenthalben die förmliche Anerkennung und Hochachtung, die Johannes dem großen Meister schuldig war, zum Ausdruck. Darauf stieg Jesus ins Wasser und unterzog sich freiwillig der Taufe. Wie ein vorhergegangenes Kapitel berichtet und an diesem Akte deutlich erkennbar ist, bestätigte Jesus die Notwendigkeit der formalen Vorbereitung und des zeremoniellen Verfahrens, obgleich er sich seiner göttlich und kosmisch bestimmten Messiaswürde bewusst war.

Es ist eine der wichtigsten Lehren der Großen Weißen Bruderschaft, dass geistige Erleuchtung und kosmisches Bewusstsein nur dann vom Wesen des Menschen Besitz ergreifen, wenn der Betreffende dazu in jeder Hinsicht bereit ist. Ein alter, auf den mystischen Lehren des Orients beruhender Glaube bekundete, dass die Hoffnung auf das Erscheinen eines Meisters sich erfüllen wird, wenn jedes Einzelwesen für die Ankunft des Meisters, der es zu führen und in den höheren Dingen des Lebens zu unterrichten hat, vorbereitet ist. Die Betonung liegt hier auf dem „Bereitsein", welches die Würdigkeit und die Lauterkeit des Strebens einschließt. Erst dann wird ein Meister erscheinen, erst dann ein Aufgehen des inneren Kosmos-Bewusstseins sich offenbaren, erst dann das große Aufleuchten des transzendentalen Lichtes kommen, wenn der Mensch durch entsprechende Vorbereitung, Ausbildung und Führung sowie durch die Förderung, die in auf geistigen Gesetzen beruhenden Vorgängen liegt, wahre Bereitschaft erlangt hat. Würdigkeit muss erstrebt, Vorbereitung bekundet, Bereitschaft durch freiwillige Anstrengung verdient werden. Den von den Lehrern und Meistern der geheimen Schulen der Bruderschaft angewandten bewährten Ausbildungssystemen und Vorbereitungsmethoden begegnen wir bei Johannes, der vorausgesandt wurde, Christus den Weg zu bereiten. Wir treffen ferner bei den großen Avataren der Vergangenheit auf sie, die es zur Vorbereitung vieler für notwendig erachteten, zu predigen und zu lehren und endlich auch bei Jesus selbst, der seine Jünger und andere lehrte, dass die zum geistigen Erwachen führenden Gesetze innerlich erfühlt und geistig erfasst werden müssen. Wenn ein nach göttlichem Glanze und kosmischem Bewusstsein Verlangender die Ankunft des Meisters und die Klarheit der Erleuchtung ohne Studium und Vorbereitung und ohne Verbindung mit Menschen zu erlangen sucht, die fähig sind, ihm zu helfen und beizustehen, so verzögert er die Ankunft des großen Tages und verschließt oft der Ankunft des Meisters die Tür. Diese Tatsache gibt das Recht zur Gründung von Kirchen, geheimen Bruderschaften und sonstigen Vereinigungen, die sich der geistigen Vorbereitung der Menschen widmen.

Und so trat Jesus ins Wasser und tauchte sich ein. Johannes aber stand wartend zu demütigem Segensspruche bereit. Doch noch bevor er sprechen konnte, im Augenblick, als Jesus sich im Wasser aufrichtete, kam vom Himmel ein großes Licht, umgab ihn und verweilte bei ihm als prächtige, blendende Aura von schillerndem Glanze. Johannes wich zurück, weniger aus Überraschung, denn aus Furcht vor dem Glanze des Lichts. Die Menge aber stand entsetzt, sprachlos und gebannt über das, was sich vor ihren Augen ereignete. Dann kam vom Himmel eine große, weiße, leuchtende Taube, hell wie geschmolzenes Silber und prächtig wie das himmlische Licht, das den Körper Christi umgab. Die Taube leuchtete auf der Schulter Jesu. Während alles ruhig und regungslos stand, vernahm man eine Stimme, wohltönend, aber bestimmt wie ein Trompetenruf: „Dies ist mein geliebter Sohn!“ Und Johannes wusste, gleich den anderen dort versammelten Essenern, dass der heilige Geist wie einst auf Maria, so jetzt auf Jesus herabgestiegen war und in ihm, wie einst in Maria, eine neue Wesenheit geschaffen hatte, die göttliche Erkenntnis des Christus-Seins und der Gottessohnschaft.

Dieses Symbol wird in der christlichen Mystik „Monogramm Christi“ genannt und als christliches Zeichen benutzt. Man findet es an den Grabmälern der Katakomben Roms und an einigen alten Bildwerken Ägyptens. Christliche Missionare wurden bei der Entdeckung dieses Symbols in fremden Ländern irregeführt und glaubten, dass es Zeugnis von der Tätigkeit anderer, früherer christlicher Missionare ablege. Doch wurde dieses Symbol lange vor seiner Annahme durch das Christentum anderwärts verwendet. Es war das ursprüngliche Monogramm des Osiris. In das heilige Banner des Konstantin, „Lagarum“ genannt, war es als Feldzeichen eingewebt. Auch war es das Zeichen des Jupiter Ammon. Das Monogramm hatte seinen Ursprung in den geheimen Lehren der Bruderschaft in Ägypten. Es wurde auf einer Gedenkmünze des Königs Ptolemäus von Cyrene, desgleichen auf den bereits, vor der christlichen Zeitrechnung ausgegebenen Münzen Herodes des Großen gefunden. Die römisch-katholische Enzyklopädie behauptet, dass das X und das P die ersten zwei Buchstaben eines griechischen Wortes seien, das Christus bedeute. Sie erkennt aber auch an, dass das Monogramm in den vorchristlichen Perioden als ein mystisches Emblem gebraucht wurde. Das aus XPN zusammengefügte Mogramm ist ein anderes Symbol für die Bezeichnung „Unser Herr Jesus Christus“.

14. Kapitel

Jesu wirkliche Lehren und Wunder

Das ganze öffentliche Leben Jesu von der Zeit seiner Taufe bis zur Kreuzigung war eine objektive Kundgebung und Offenbarung jener Reihe von Einwirkungen und Entwicklungsstufen, die er selbst in den Jahren seiner Vorbereitung mehr oder weniger subjektiv und nach außen hin unbemerkt durchschritten hatte. Diese wichtige Tatsache wird eigentümlicherweise sogar von den tiefer in seine Mission und sein Lebenswerk eindringenden Forschern häufig übersehen und auch von jenen viel zu wenig hervorgehoben, die berufen sind, seine Lehren, Unterweisungen, Taten, Leiden, Versuchungen, Siege und Niederlagen anderen zu erklären.

Ich habe in vorausgegangenen Kapiteln an einigen Stellen angedeutet, dass die fundamentale Mystik des Christentums vom modernen Kirchen-Christentum ungerechtfertigterweise vernachlässigt wurde, dass aber hervorragende Theologen und Geistliche bestrebt sind, sie wieder zur Geltung zu bringen. In dieser Hinsicht wurde bei einer Konklave der bedeutendsten protestantischen Kirchengemeinschaften Amerikas und Englands von einer hervorragenden Autorität ausgeführt, dass die Erhaltung der christlichen Kirche heutzutage von der besonderen Betonung des mystischen Fundaments des Christentums abhänge. Im Urchristentum war beabsichtigt, die von Jesus Christus geoffenbarten, höchst mystischen, wenn auch durch weltliche Zusätze bereits beeinträchtigten Lehren und Doktrinen, weiterzugeben. Die Apostel Jesu, von ihm nach Maßgabe ihrer bisherigen Lebensführung und Würde sorgsam ausgewählt, wurden auch mit besonderer Sorgfalt von ihm eingeweiht und in den geheimen Konklaven, die in den öffentlichen Berichten über sein Leben nicht erwähnt sind, geistig gefördert. Das von den Aposteln weiterzuführende, später von den heiligen Vätern der Christlichen Kirche aufgenommene Werk Jesu war doppelter Natur. Es gab den geheimen oder „inneren Kreis“ der Jünger des Christentums, dessen Mitglieder in die von Jesus offenbarten und in die Lehren verflochtenen Grundsätze stufenweise eingeführt wurden. Daneben aber gab es einen „äußeren Jüngerkreis“, dessen Angehörige nur die Gleichnisse und Predigten anhörten, die Jesus der Menge gab und die später von seinen Nachfolgern erweitert wurden.

Einige Jahrhunderte nach dem Leben Jesu war die frühchristliche Kirche mehr eine eigene mystische Schule als eine öffentliche Institution oder ein System allgemeiner Gottesverehrung. Bis zu den Konzilen der heiligen Väter (4. bis 7. Jahrhundert) war es nie der Fall, dass das Kirchentum, so wie es sich heute zeigt, also losgelöst vom mystischen Christentum, als zu Recht bestehend gegolten hätte. In der Folge aber war es in jedem Lande nur wenigen als würdig und befähigt erachteten Personen gestattet, den kaum bekannten inneren Kreis zu betreten. Es besteht kein Zweifel, dass der äußere Kreis mit seinem Kirchentum ein rühmliches Werk zu leisten hatte, und ich will die Maßnahmen nicht kritisieren, die bewirkten, dass das äußerliche Werk sich mit größerer Kraft entfaltete und einen größeren Umfang annahm als der innere Kreis. Aber es muss darauf hingewiesen werden, dass heute die Anzahl der zum Eintritt in den inneren Kreis Bereiten im Verhältnis zur Zahl jener, die, wenn auch nur teilweise,bereit sind, das breitere und mehr allgemeine Werk des äußeren Kreises zu fördern, klein ist. Und zwar so, dass es oft als eine hoffnungslose Mühe erscheint, das große Werk weiterzuführen, das weitergeführt werden muss, um die mystischen Elemente des Christentums für eine zukünftige Entwicklung zu erhalten. Ich kann nicht ganz mit jenen übereinstimmen, die die Kirche kritisieren und behaupten, dass System und Organisation den Kern des Christentums vernichtet, oder dass äußere Pracht und Zeremonie, Struktur und Geschäftigkeit irgend einen Punkt im mystischen Werk des inneren Kreises verleugnet hätten.

Geistiger Fortschritt ist eine Sache der Entwicklung, und fortschreitende Entwicklung kommt nur langsam und allmählich zu Stande. Das größere Werk muss die Menge des Volkes erfassen, damit jeder einzelne im Volk Gelegenheit hat, den Pfad zu gehen, der zum inneren Kreis führt.

Bevor Jesus seine bedeutende Lebensaufgabe erfüllen und durch Begründung seiner persönlichen Schule und seines aus vertrauten Aposteln als Neophyten bestehenden persönlichen Rates den Grundstein seines Werkes legen konnte, hatte er wieder einmal Prüfungen und Versuchungen der höheren Einweihung zu bestehen. Dieses Mal jedoch trat er den Dingen nicht als Neophyt gegenüber, sondern als der gottbestimmte Christus. Und da sein Wirken sich in der sinnlichen Welt vollzog, mussten auch seine Prüfungen, Anfechtungen und Heimsuchungen der sinnlichen Welt angehören. Daraus erkennen wir, warum der erste Schritt seiner öffentlichen Laufbahn der Entschluss zur Meditation in der Einsamkeit war.

In einem vorausgegangenen Abschnitt dieses Buches habe ich auf das Prinzip des „Eintretens in die Stille" hingewiesen und Anmerkungen über den Wert stiller Betrachtung gemacht. In den Büchern der christlichen Bibel finden wir bei Matthäus, Markus und Lukas Stellen, die bekunden, dass Jesus die Stille oder die Wüste aufgesucht habe. Im Evangelium des Johannes dagegen sind diese Tatsachen nicht erwähnt. Johannes, der hervorragendste Mystiker unter den Verfassern des Neuen Testaments, stellt auch in seinem Evangelium die mystischen Prinzipien des Christentums mehr in den Vordergrund als die drei anderen Evangelisten. Wenn er die Ereignisse der Meditation Jesu in der Wüste trotzdem unerwähnt lässt, so tut er dies wohl deswegen, weil sie als persönliche Angelegenheit Jesu zu seinem öffentlichen Wirken wenig in Beziehung standen.

In den Erzählungen der christlichen Bibel, und zwar sowohl im Alten als auch im Neuen Testament, wird des öfteren von Personen berichtet, die auf Berge stiegen, um dort durch innere Sammlung in irgend einer Angelegenheit Erleuchtung zu finden oder in unmittelbaren Kontakt mit Gott und zum Gottesbewusstsein zu gelangen. Diese Hinweise auf Berge der Erleuchtung und Inspiration wurden in ihrer wahren mystischen Bedeutung nicht erkannt. Sonst hätte es nicht geschehen können, dass Expeditionen von Wissenschaftlern und kirchlichen Autoritäten nach vielen dieser „Berge" im Heiligen

Land gesucht und sich bemüht haben, einzelne, die zu den in der Bibel geschilderten Ereignissen passen, auszuwählen. Dabei stellte sich in vielen Fällen heraus, dass die auf diese Weise festgestellten „Berge“ eigentlich nur Hügel waren, wie sie sich in großer Zahl in dem reich gegliederten Lande finden. Bei den meisten aber war man überrascht, dass solche Stellen überhaupt als Berge bezeichnet werden konnten. Der wahre Sachverhalt ist folgender: Der Ausdruck „zu innerer Erleuchtung einen Berg besteigen“ enthält eine symbolische, mystische Angabe, die sich auf keinen wirklichen Berg, auch auf keine sonstige physikalische Erhebung des Erdbodens bezieht und im folgenden ihre Lösung finden soll. Es überrascht, dass die Alten in ihren Schriften des öfteren auf Erleuchtungen hinweisen, derer sie auf Bergspitzen teilhaftig wurden, obwohl sie nachweislich in Gegenden wohnten, wo es weder Berge noch größere Hügel gab. Auch einige der ersten Christen Ägyptens sprachen von der Erleuchtung, die in der Einsamkeit auf dem „Gipfel des Berges“ über sie kam. „Einen Berg besteigen“ bedeutet in der mystischen Terminologie der Großen Weißen Bruderschaft und in allen mystischen Schriften der Avatare und Meister der Vergangenheit das Erheben seines inneren geistigen Ichs zu jener großen Höhe, wo der Kontakt mit dem Kosmos und kosmisches Bewusstsein endgültig und vollständig gegeben sind. Wir finden, dass alle derartigen Erlebnisse im Alten Testament, einschließlich des geistigen Kontaktes, in dem Moses sich mit Gott befand, den Zweck verfolgten, geistiger Erleuchtung teilhaftig zu werden oder die Lösung und Beantwortung geistiger Fragen zu erhalten. Logischerweise muss die Anwendung des Ausdruckes „einen Berg besteigen“ auch in gegenteiliger Richtung Geltung haben. Dies ist der Fall. Denn sooft einer der großen Mystiker der Meister der Vergangenheit mit irdischen, nicht geistigen Lebensumständen in Fühlung oder in Widerspruch geriet oder für die Lösung rein weltlicher Probleme zu kämpfen hatte, ging er in die „Täler“ oder in die „Wüste“ und nicht auf einen Berggipfel“.

Aus dieser Sachlage erkennen wir, warum der erste Anlass zum Kampf Jesu mit misslichen äußeren Verhältnissen und irdischen Versuchungen und Leiden ihn nicht auf die Spitze eines Berges, sondern in die Einsamkeit der Wüste führte. Wir lesen in den christlichen Schriften, dass er vierzig Tage in der Wüste zubrachte, während dieser Zeit fastete, hungerte und körperliche und sinnliche Anfechtungen aller Art zu erdulden hatte.

Es ist interessant, dass die Zahl vierzig neben der Zahl sieben in der mystischen Literatur häufig gebraucht wird. Beide Zahlen haben eine mystische Bedeutung. Ich will keine Zeit damit verlieren, die ganze Reihe der Beispiele aufzuzählen, in denen die Zahl sieben für Zeitbestimmungen im Alten und Neuen Testament verwendet wird. Denn ich bin sicher, dass einige Minuten Überlegung meinen Lesern viele Beispiele der symbolischen Zahl ins Gedächtnis zurückrufen werden, mit der Zahl der Schöpfungstage angefangen, denen die sieben Wochentage entsprechen, von denen der letzte wiederum zum heiligen Tag der Woche erhoben wurde. Die Zahl vierzig wird so häufig verwendet, dass ihre Bedeutung sogar dem nur gelegentlich in der Bibel Lesenden auffallen muss. Man findet sie in vielen Ländern in den ältesten heiligen Schriften sehr häufig. Die Ägypter behaupteten, dass der Körper erst vierzig Tage nach der Einbalsamierung von der Seele befreit werde. Moses entbehrt während der Dauer seines kosmischen Kontaktes vierzig Tage und vierzig Nächte lang Speise und Trank. Auf dem Berge Sinai verweilt er zweimal je vierzig Tage und vierzig Nächte. Die Männer, die nach Kanaan gingen, waren vierzig Tage auf ihrer Reise. Nach einer Prophezeiung sollte vierzig Jahre lang kein Fuß eines Menschen oder Tieres durch Ägypten gehen. Elias war vierzig Tage und vierzig Nächte auf dem Berge Horeb und ebenso viele Tage und Nächte auf dem Berge Karmel. Die Kinder Israels waren vierzig Jahre lang in den Händen der Philister, und vierzig Jahre lang aßen sie Manna. Die Bewohner von Ninive hatten vierzig Tage lang Buße zu tun. Wir finden, dass Saul, David, Salomon und Joash vierzig Jahre als Könige regierten. Deshalb sollte es uns nicht überraschen, dass Jesus für vierzig Tage und vierzig Nächte in die Wüste ging.

Es sei auch daran erinnert, dass Moses und Elias bei Antritt ihres öffentlichen Amtes vierzig Tage und vierzig Nächte fasteten, um sich für ihre ersten Taten vorzubereiten. Während aber die ersten Taten bei Moses und Elias geistiger Natur waren, hatte sich Jesus zunächst mit materiellen und irdischen Angelegenheiten zu befassen. Deshalb begab sich Jesus in die Niederungen der Wüste, während Moses und Elias auf den Gipfel des Berges stiegen.

Wir erfahren aus den christlichen Berichten, dass die Erlebnisse Jesu während seines vierzigtägigen Aufenthaltes in der Wüste eine Reihe von Versuchungen gewesen seien, die erzählt werden, um den Menschen ein Beispiel der Bewährung zu geben. Die Versuchungen der Welt sind als von der Person des Satans ausgehend dargestellt. Tatsächlich handelte es sich um Versuchungen solcher Art, wie Jesus sie während seiner Einweihung in Ägypten bei der Vorbereitung für das geistliche Amt zu bestehen hatte. Nach den alten Urkunden stellte Jesus selbst Betrachtungen darüber an, welcherlei Versuchungen ihm die Welt während seines geistlichen Amtes bereiten könnte. Jesus sagte, dass „der Versucher" ihn mit jeder einzelnen dieser Versuchungen bedrängte. Dann ging er betrachtend auf die Natur der Versuchung ein, studierte sie sorgfältig nach Ursache und Wirkung, stellte fest, welche Antwort er dem Versucher zu geben und welches Verteidigungsverfahren er durch sein ganzes Leben hin einzuschlagen fähig sei, wenn er solchen Versuchungen jemals Angesicht zu Angesicht gegenübergestellt würde. Das Ganze war nichts anderes als eine ernste Selbstprüfung. Das Schlussergebnis derselben und die Berücksichtigung aller gegebenen Verhältnisse hat ihn, so wird berichtet, zur Überzeugung gebracht, dass ein öffentlicher Angriff auf seine Lehr- und Lebensweise zu einem endgültigen Abschluss seiner Laufbahn und zum Gipfelpunkt – der Kreuzigung – führen würde. Deshalb verstehen wir, warum Jesus häufig prophetische Hinweise auf das traurige Ende seiner Laufbahn machte, und warum er die zukünftigen Ereignisse voraussah und darauf mehr oder weniger vorbereitet war. Er wusste bestimmt, dass er nicht der erste Avatar sein würde, der gekreuzigt und gerade von den Menschen falsch angeschuldigt werden würde, die aus den gebotenen Anweisungen und Lehren den meisten Nutzen hätten ziehen können.

In der Tat lesen wir, dass Jesus nach Abschluss seiner vierzigtägigen Betrachtung und Selbstprüfung und nach dem Entwurf der

Pläne für sein geistliches Amt erfahren musste, dass Johannes der Täufer wegen seiner Missionsarbeit gefangen genommen worden war. Wir wissen, dass Jesus, obwohl er Kenntnis hatte von dem Schicksal, das auch ihn erwartete, sich in seinem Streben weder abschrecken, noch entmutigen ließ. Alle diese Dinge bezeugen seine Aufrichtigkeit.

So fing Jesus an, die Lehre von der Buße zu predigen. Diese Lehre war zwar nicht Jesus allein eigen, stellte aber für das Volk in Palästina eine völlig neue Form des Predigens dar. In Ägypten hatte El-Moria Jahrhunderte vorher die Lehre von der Wiedergeburt als des Lohnes der Buße eingeführt, eine Lehre, die der Großen Weißen Bruderschaft in allen Ländern eigen war. Jesus aber fügte eine Herz und Sinne belebende Hoffnung für alle hinzu: Das Himmelreich ist nahe!

Wenn wir die von Jesus eingeführten Lehren näher betrachten, so finden wir, dass jede ein mystisches Prinzip zur Basis hatte, und dass diese mystischen Prinzipien naturgegebene geistige Gesetze darstellen. Wenn wir die ursprünglichen Lehren Christi und die allgemeine Auffassung seiner Botschaft mit den christlichen Lehren und Auslegungen unserer Tage vergleichen, so sehen wir einen gewaltigen Unterschied. Die Botschaft Jesu war eine Botschaft vertrauender Hoffnung, die in folgenden Worten ausgedrückt werden könnte: „Glaube an mich und meine Lehren, liebe und handle in Liebe gegen alle und lasse die Hoffnung die Seele deiner Taten sein; denn jenseits dieses gegenwärtigen Seins ist ein vollkommeneres Leben zu erwarten. Ich weiß dies, denn ich bin von dort gekommen und will dich dorthin führen. Sehnsucht allein wird dir nichts nützen; wenn du das vollkommene Leben der Zukunft erreichen willst, musst du mit seiner Verwirklichung schon jetzt beginnen. Erst wenn du es in dir selbst, im himmlischen Königreiche deines Herzens gefunden hast, wirst du es später durch die Akte der Freundschaft und Nächstenliebe der Menschheit offenbaren." – Die heutigen Lehren aber verkünden eine Botschaft der Hoffnungslosigkeit. Man könnte sie kurz in die Worte fassen: Ihr seid alle Kinder der Bosheit; in Sünden geboren, in Sünden lebend, werdet ihr auch in Sünden sterben. Das Himmelreich ist weit von euch und kann niemals erlangt werden, es sei denn, ihr werdet von neuem geboren und durch die Wiedergeburt gereinigt und erlöst von den Sünden, die ihr ererbt habt."

Wir können deshalb verstehen, warum die Volksmassen Palästinas ihm folgten und Frieden und neues Leben in seinen Worten fanden. Nirgends in den Urkunden der Bruderschaft finden wir, dass die Wunder Jesu oder die bestätigten wunderbaren Krankenheilungen so viel Aufmerksamkeit erregt oder so viel Hoffnung und Glückseligkeit in das Leben des Volkes gebracht hätten wie seine Botschaft. Und diejenigen in der Bruderschaft, die mit den einschlägigen Verhältnissen gut vertraut sind, empfinden lebhaft, dass die nachdrückliche Hervorhebung der wunderbaren Heilungen Jesu eine Verkennung der Tatsachen darstellt. Zu seiner Zeit galten diese Dinge als zufällige Ereignisse und durchaus nicht als die Hauptsache seiner Mission oder als hervorragende Wohltaten, die er verlieh. Seine herzerhebende Botschaft aber: „Kommet alle zu mir, die ihr mühselig und beladen seid, ich will euch erquicken!" war ein Ereignis, das mehr Bedeutung für die Massen hatte als irgendeine Totenerweckung oder Krankenheilung. Berücksichtigt man außerdem die Uneinigkeit, die Mühsal, die bitteren Enttäuschungen und vereitelten Hoffnungen der Bevölkerung Palästinas zu dieser Zeit, so kann man sich lebhaft vorstellen, was ihr diese Botschaft bedeutete.

Die berühmte Bergpredigt Jesu entwirft ein Bild des Himmelreichs, wie er es dem Herzen des Volkes nahe brachte. Verlangte er dabei großes Fasten, ungewöhnliche Opfer oder öffentliche Buße? Nein, seine Mahnung ging dahin, getrost die Augen zu erheben und den Geist auf das neue Königreich einzustellen. „Selig die Armen im Geiste, ihrer ist das Himmelreich" – das war der Trost für alle Unterdrückten, Verlassenen und Verzweifelten. Seine Darbietung der vier Seligkeiten – wunderbare Kraft der Demut, Mitleid mit anderen, Herzensgüte, Hunger und Durst nach Gerechtigkeit – enthielt die mystischen Lehren und geistigen Prinzipien, die er als den Weg zum Himmelreich bezeichnete. Und wie der Ton der verborgenen silbernen Glocke im Tempel der Alten, so erklang die uralte Wahrheit: „Selig sind, die reinen Herzens sind, denn sie werden Gott schauen!"

Auch die Lehre der Wiedergeburt fordert kein materielles physisches Opfer, wie dies von jenen verlangt wurde, die die Masse des Volkes in Angst hielten. Die Forderung, „nur wenn der Mensch aus dem Wasser und Geist wieder geboren wird, kann er in das Reich Gottes kommen", bedeutete für jene, die die einschlägigen geistigen, mystischen Gesetze kannten, durchaus keine Schwierigkeit. Die angeführten Worte sind im Buch des Johannes aufgezeichnet, jenes Evangelisten, der besonders bedacht war, das mystische Erbe Jesu zu bewahren, weil er sich der Wichtigkeit dieses Teiles der göttlichen Botschaft wohl bewusst war. Reinigung durch Wasser, Wiedergeburt durch die Taufe, Erweckung des Gottesbewusstseins durch den heiligen Geist – das war der Weg zum neuen Königreich. In der Großen Weißen Bruderschaft und in der Rosenkreuzer-Bruderschaft von heute bezweckt man, durch Darbietung der Lehr- und Erfahrungsgrundsätze, der Unterweisungen und des Gedankengutes, den Schüler für die Meditation zu befähigen, die innere Erkenntnis wachzurufen und dem Heiligen Geist die Schaffung jener Grundstimmung zu ermöglichen, die zur Auffindung des heiligen Königreiches führt. Mit dem Eintritt in das kosmische Bewusstsein erlangen wir durch die Wirkung des Heiligen Geistes innere Erleuchtung, Frieden der Seele und des Leibes, Kraft des Geistes, Intuition, heilende Einwirkung, Einfluss und Tatkraft, sowie den Mut, materielle Hindernisse mit Erfolg und Glück zu überwinden. Dies sind die Angebote der Bruderschaft in allen Ländern. Sie werden freimütig gemacht und sollen in Aufrichtigkeit und Offenheit frei angenommen werden. Diese Dinge können nicht durch materielle Mittel erworben, auch nicht durch Bücher und Zeitschriften in den Handel gebracht werden. Lange Zeit haben die Rosenkreuzer diese Lehren aufbewahrt und weitergeführt, ohne Lohn und ohne Voreingenommenheit. Wenigen Würdigen sind sie zugänglich. Neugierige, die Zeichen und Wunder fordern, werden nichts sehen und nichts erleben.

Die Wunder Jesu waren niemals übernatürlich in dem Sinne, dass sie sich jenseits der Grenzen der Naturgesetze ereigneten oder ihre Ausführung durch die einzigartige Anwendung eines ungewöhnlichen Gesetzes gefunden hätten. Den alten Mystikern wie auch Jesus, dem Meister mystischer Dinge, galten alle einschlägigen Gesetze und alle ihre Grundsätze als göttliche Prinzipien. Es gab bei ihren Taten nichts Übernatürliches, nichts Übergeistiges, Einzigartiges oder Außergewöhnliches. Jesu Wunderkraft lässt zwei Seiten erkennen: zunächst geistiges Erfühlen und Erfassen der einschlägigen Gesetze, verbunden mit der Fähigkeit, sie richtig anzuwenden und wirksam zu lenken, dann das Kundwerden des Göttlichen in ihm, das ihn befähigte, die schöpferischen Akte des seiner Seele innewohnenden Gottesbewusstseins zu vollenden. Die eine Seite zeigt uns ein angeborenes göttliches Geschenk, die andere eine durch Studium, Übung und Erfahrung entwickelte Kraft. Bis zu einem gewissen Grade können alle Menschen die geistige Meisterschaft erlangen, die zur Anwendung dieser schöpferischen Kraft notwendig ist. Jesus bestätigte selbst, dass andere die gleichen Wunder vollführten, die er tat und sogar noch größere Dinge vollbrachten.

In der Tat hatten große Avatare vor ihm ähnliche Wunder gewirkt, und auch heute gibt es Menschen, die Kranke heilen und Tote ins Leben zurückrufen durch göttliche Kraft, die höchste Gottesgabe, die einem Menschen verliehen sein kann. Jesus lehrte keinesfalls, dass der Tod oder die Transition verhütet oder aus dem Menschenleben vollständig beseitigt werden könne. Er betrachtete ihn als ein unvermeidliches Ereignis im Dasein aller Wesen. Diese Auffassung widerspricht der ungesunden und unnatürlichen Lehre, dass der Tod vermieden und das Leben in einem Körper fortgesetzt erhalten werden könne. Der Ausdruck „Es gibt keinen Tod“, ist in Beziehung auf den Leib ebenso wahr, wie in Hinsicht auf den wesentlicheren Teil des Menschen – die Seele. Jesus und seine Jünger lehrten, es gebe einen Wandel in allen materiellen Dingen, und der Übergang des Körpers und der Seele seien Offenbarungen der göttlichen Gesetze. Jesus bezeugte auch, dass Krankheit und Leiden als anormal zu verhüten seien. Ferner lehrte er, wie das Leben zu gestalten sei, damit der physische Körper frei von Leiden und der Geist ohne die Qualen der Sünde sein könne. Die Rosenkreuzer von heute lehren, wie der Mensch in Übereinstimmung mit dem Naturgesetz leben und die Leiden des Fleisches und die Versündigungen an seinem Körper vermeiden kann, und in Frieden und Glück zu verweilen bis zur Stunde seines Todes.

Es ist leicht begreiflich, dass die Lehren und Kundgebungen Jesu bei den Rechtgläubigen Palästinas Widerspruch fanden. Jesus war ein Neuerer in der vollen Bedeutung des Wortes. Er kam in ein Land, das von geistigen Führern einer festbegründeten Weltanschauung beherrscht war und verkündete Lehren, die in krassem Gegensatz zu dem standen, was dem Volk gelehrt und von ihm geglaubt wurde.

Auf meiner Reise durch Palästina konnte ich mich von der gegenseitigen Intoleranz der verschiedenen Glaubensgemeinschaften überzeugen. Insbesondere bemerkte ich die Entschlossenheit der streng Orthodoxen, an den alten Gebräuchen und Riten ihrer Vorfahren festzuhalten. Mein Eindruck war: Wenn Jesus heute nach Jerusalem käme und wiederum predigte, wie er es getan, und die Wahrheit seiner Lehre bezeugen wollte – er würde von den Strenggläubigen abermals „gekreuzigt" durch Verwerfung und Einkerkerung, von den Skeptikern und Zweiflern aber durch Spott und Verhöhnung. Die Wirkung wäre vielleicht dieselbe, wenn er in die westliche Welt, vielleicht gerade in die Mitte derer käme, die die gegenwärtige Entwicklung der menschlichen Gedankenwelt und den heutigen Stand der christlichen Anschauung in seiner Abkehr von Jesu Auffassung und Überzeugung diskutieren.

Während der Zeit seines öffentlichen Amtes ging Jesus durch die vier alten traditionellen Stufen oder Grade der Einweihung, wie sie Jahrhunderte vorher von Pythagoras umrissen worden waren. Diese stellen sich wie folgt dar: der erste Grad oder die Vorbereitung, abgeschlossen mit der Bergpredigt; der zweite Grad oder die Reinigung, dargestellt durch die wunderbaren Heilungen und die Erweise der christlichen mystischen Therapeutik; desweiteren der dritte Grad oder die Erleuchtung, offenbart durch die Auferstehung des Lazarus, und schließlich der vierte Grad oder das geistige Schauen, bekundet durch die Verklärung Jesu.

Wie die Ereignisse und Stufen seiner Mission ihren Höhepunkt erreichten und was sie für den großen Meister bedeuteten, soll in den folgenden Kapiteln dargeboten werden.

Ein anderes Monogramm für Christus wurde aus drei Buchstaben geformt, von denen man annahm, dass sie den ersten, zweiten und letzten Buchstaben des griechischen Jesusnamens darstellten. Das letzte Schriftzeichen wurde aber schließlich in den lateinischen Buchstaben S umgeändert, sodass das J H S als „Jesus, Hominum Salvator“ oder „In Hoc Signo“, d.h. „Jesus, Retter der Menschen“, oder „In diesem Zeichen wirst du siegen“, ausgelegt werden könnte. Das J und I der alten lateinischen Sprache stimmten der Form nach überein. In den früheren, mit J H S zusammengesetzten Monogrammen wurde das Abkürzungszeichen über die Buchstaben gesetzt. Diese Zeichen wurden später infolge mangelhafter Einmeißelung als Kreuze angesehen. Auf diese Weise entstand das oben dargestellte neue Monogramm mit einem auf dem Buchstaben H ruhenden Kreuze. Dieses Monogramm ist jetzt das offizielle christliche Emblem der Jesuiten.

15. Kapitel

Die Wahrheit über die Kreuzigung

In den letzten Jahren erschienen einige Schriften, die als Berichte eines Augenzeugen der Kreuzigung Jesu bezeichnet wurden. Sie sind sehr kurz gefasst und behandeln in unvollkommener, fragwürdiger Weise einzelne Episoden der Kreuzigungsgeschichte. Die in den Schriften enthaltenen Angaben wurden, soweit sie einer Betrachtung überhaupt wert erscheinen, verschiedenen, an sich zuverlässigen Quellen entnommen und von dem unbekannten Verfasser für sensationslüsterne Leser entsprechend aufgemacht.

Der wahre Verlauf der Kreuzigungsgeschichte jedoch ist in einer Anzahl alter, zuverlässiger Schriften aufgezeichnet, die in der Schilderung der Ereignisse genau übereinstimmen. Sogar Judas, der Verräter, hinterließ einen kurzen Bericht über seine persönlichen Erlebnisse und Eindrücke und über manches, was ihm noch bekannt geworden war und bestätigte damit einige in anderen Urkunden enthaltene Angaben. Die wichtigsten und vollständigsten Darstellungen der Kreuzigungsgeschichte aber sind in drei, von verschiedenen Verfassern stammenden, Handschriften enthalten, die in den Klöstern Tibets, Ägyptens und Indiens aufbewahrt werden.

Von Freunden der Bibel wird allgemein geglaubt, dass die christlichen Evangelien die einzigen Urkunden über den Verlauf der Kreuzigung seien, während Kritiker der christlichen Lehren und der biblischen Geschichte diese Berichte deshalb als unglaubhaft bezeichnen, weil in anderen Urkunden, besonders in den Schriften zeitgenössischer historischer Schriftsteller, keine Bestätigung zu finden sei. Diese Kritiker scheinen zu vergessen, dass den Zeitumständen gemäß die Kreuzigung für die Jünger Jesu und die mit seinem Werk verbundenen Gemeinschaften ein höchst bedeutsames Ereignis darstellte, während sie vom nationalen Standpunkte oder dem der

Machthaber Roms ein Vorfall von geringer Bedeutung war. Auch die zeitgenössischen, an anderen, größeren Ereignissen des Tages interessierten Geschichtsschreiber erachteten die Kreuzigung eines religiösen Führers nicht als einen Vorfall von solch nationaler Wichtigkeit und allgemeinen Bedeutung, dass sie sich veranlasst gefühlt hätten, ihr einen Platz in ihren Schriften einzuräumen. Vom Standpunkt der Gegenwart aus betrachtet, erscheint die Tragödie der Kreuzigung Jesu eines der wichtigsten Ereignisse in der Geschichte der Weltkultur. Die Zeit hat uns die richtige Perspektive verliehen, und wir erkennen, dass die Auswirkungen der Kreuzigung den ganzen Erdkreis berührten und heute noch für jeden einzelnen von uns fühlbar sind. Sind nicht auch bei uns in den letzten Jahren Ereignisse geschehen, die – von Geschichtsschreibern zunächst kaum beachtet – sich später als von ungeheurer Tragweite erwiesen? Die in einem Lande Europas vor Jahren erfolgte Ermordung eines Mannes wäre wohl mit einigen Erörterungen in den Zeitungen und ohne besondere Auswirkungen auf die Geschichte des betreffenden Volkes vorübergegangen, wenn die mit dem Vorfall verbundenen oder teilweise von ihm abhängigen Umstände nicht jene weltweite Entwicklung zum größten Kriege in der Geschichte der Menschheit ergeben hätten.

Im Falle der Kreuzigung Jesu zeigte sich die wahre Tragweite erst nach vielen Jahrhunderten. Jene Personen, die über das Ereignis schrieben, als ihre Eindrücke noch fest im Gedächtnis hafteten, taten dies nicht, um einen Vorfall von weltumfassender Bedeutung festzuhalten oder eine Begebenheit zu untersuchen, die in ihren genauen Einzelheiten an den Tag gebracht werden sollte, sondern aus Interesse an einer inneren Angelegenheit ihrer Religionsgemeinschaft. Aus diesem Grunde wurden, und zwar nach der persönlichen Meinung und Eigenart des betreffenden Schreibers, nur solche Punkte aufgezeichnet, die eine religiöse oder geistliche Bedeutung hatten. Daraus erklärt sich auch die voneinander abweichende Darstellung der Geschichte und der Unterschied in der größeren oder geringeren Betonung einzelner Punkte, desgleichen das Fehlen einer ins einzelne gehende Schilderung in den Evangelien.

Die Schreiber der für die Archive der Großen Weißen Bruderschaft und der mit ihr verbundenen Organisationen bestimmten Urkunden betrachteten jedoch die Kreuzigung als ein Ereignis, das mit einer Reihe von Begebenheiten in Verbindung stand, die sich seit alten Zeiten in der Geschichte der Großen Weißen Bruderschaft zugetragen hatten. Sie lieferten den Beweis, dass diese Begebenheit, wie viele ähnliche, eine Bestätigung ihrer Dogmen, ihrer kosmischen Traditionen und der im Leben eines jeden Avatars und Förderers der menschlichen Entwicklung zu Tage tretenden geistigen Gesetze darstellte. Nach der Meinung dieser Geschichtsschreiber waren viele mit der Kreuzigung verbundene Zwischenfälle von äußerster Wichtigkeit und wurden deshalb sorgfältig aufgezeichnet, während eben diese Vorfälle von den Schreibern der biblischen Berichte als unwesentlich übergangen wurden. Eine andere Erklärung des beträchtlichen Unterschieds in der Darstellung der Kreuzigungsgeschichte, wie er einerseits bei den Evangelisten, andererseits bei den Autoren der Großen Weißen Bruderschaft auftritt, ist dadurch gegeben, dass die Evangelisten zu dem Zweck schrieben, bestimmte Lehren und Grundsätze zur Errichtung einer neuen religiösen Gemeinschaft aufzustellen und festzulegen. Deshalb hatten sie an der von den Aposteln offiziell entworfenen Überlieferung der Kreuzigungsgeschichte festzuhalten, die die theologische Grundlage für die Errichtung der Christlichen Gemeinschaft bildete. Jeder Zwischenfall bei der Kreuzigung, der mit den erwähnten theologischen Prinzipien und Gründungstraditionen unvereinbar war, musste in den Berichten gemieden werden: nicht zum Zwecke der Täuschung, sondern um Unfertige und Unvorbereitete nicht zu verwirren und vom Wesentlichen durch Darbietung der nur für den inneren Kreis und fortgeschrittene Anhänger verständlichen mystischen Elemente abzulenken.

Aus dem Gesagten geht hervor, dass die vollständige Geschichte und die wirklichen Tatsachen der Kreuzigung den Kirchenvätern, die die frühchristliche Kirche in der Zeit vom vierten bis siebten Jahrhundert nach Christi Geburt begründeten, zugänglich und bekannt waren. Tatsächlich hatten die Heiligen Väter zu ihrer Zeit leichteren Zutritt zu diesen und zu vielen anderen, jetzt verloren oder verheimlichten Urkunden, als wir in der Gegenwart, obgleich wir uns mit der größten und vollkommensten Bibliothek geheimer Manuskripte in Verbindung setzen können.

Dass die Heiligen Väter der Kirche der Antike Zutritt zu den geheimen Urkunden hatten, wissen wir aus den Berichten der Ratsversammlungen der frühchristlichen Kirche und aus den Diskussionen zwischen den höchsten Autoritäten. In diesen Erörterungen wurden Hinweise auf bestimmte Abschnitte der Manuskripte und offiziellen Urkunden gemacht, die sich mit der Kreuzigung und anderen Zwischenfällen im Leben Jesu befassten, nun aber verborgen gehalten werden oder stark beschädigt sind. Viele Urkunden wurden vernichtet. Dies beweist die Tatsache, dass die Konzile der frühchristlichen Kirche von Zeit zu Zeit die Vernichtung von Manuskripten anordneten, über die verhandelt worden war, um in der Zukunft durch das Vorhandensein der Urkunden nicht in Verlegenheit zu kommen. Die offiziellen Aufzeichnungen vieler dieser Konzile enthalten ausführliche und lebhafte Erörterungen über diese Manuskripte und ihren Inhalt. Bei ihrem Studium finden wir, dass sich hervorragende Autoritäten der Kirche der Antike von den Konzilen fernhielten und durch ihre Weigerung, der Vernichtung wichtiger Manuskripte beizustimmen und bekannte Tatsachen verschleiern zu helfen, den Zorn der Kirche auf sich luden.

In vorhergegangenen Kapiteln dieses Buches habe ich auf Äußerungen einiger Päpste hingewiesen, die erkennen lassen, wie vertraut diese mit den geheimen oder verborgenen Einzelheiten des Lebens Jesu waren. Zweifellos werden heute viele dieser wichtigen Urkunden und Manuskripte im Vatikan zu Rom aufbewahrt. In der Zeit vom siebenten bis zwölften Jahrhundert waren die Heiligen Väter eifrig bestrebt, alle Bücher und Manuskripte der seltenen Sammlungen orientalischer Länder, deren Inhalt und Anschauungen sich von den offiziellen Traditionen und Lehren ihrer Kirche hätten unterscheiden können, in ihren Besitz zu bringen und sie dem öffentlichen, ja sogar dem privaten Studium zu entziehen. Wir wissen zum Beispiel, dass zur Zeit der Kreuzzüge nach dem Heiligen Lande eine prächtige Bibliothek von 20 000 seltenen Manuskripten religiösen Inhalts und hohen historischen Wertes, die sich mit Begebenheiten vor und während der Lebenszeit Jesu befassten, nach Vornahme einer Auswahl für Rom vollständig vernichtet und zu Asche verbrannt wurde.

Trotzdem sind sehr wichtige Handschriften dem Vernichtungsprozess entgangen. Solchen sind viele Angaben dieses Buches entnommen, unter anderem auch die Berichte über die Kreuzigung Jesu. Da diese urkundliche Darstellung sehr genau und ins einzelne gehend ist, halte ich es für notwendig, das Wesentlichste auszuwählen und in den folgenden Abschnitten zusammenzufassen.In erster Linie finden wir, dass die Kreuzigung Jesu nicht als Ausfluss des Widerstandes gegen die Lehre oder als Rache der Juden wegen der erstrebten Führerschaft angesehen werden darf. Die Anschauung, dass die Juden ihn verfolgten und schließlich kreuzigten, wurde besonders von den Päpsten der frühchristlichen Kirche begünstigt, da sie sich den theologischen Prinzipien zur Begründung und Festigung ihrer religiösen Gemeinschaft sehr gut anpasste und mit den Traditionen übereinstimmte, die sie als Grundlage ihrer Lehre beizubehalten wünschten. Es wird von christlichen Autoritäten allgemein angenommen, dass Jesus von seinen Zeitgenossen, mit Ausnahme seiner Anhänger, als ein von der jüdischen Religionsgemeinschaft Ausgeschlossener betrachtet wurde. Die Richtigkeit dieser Annahme findet aber weder durch irgend ein Vorkommnis im Leben Jesu, noch durch sonstige Tatsachen eine Bestätigung. Wahr ist, dass die Juden den Meister nicht als Juden ansahen, sondern als einen „Ungläubigen". Auch finden wir, dass die Juden häufig über die Vorstellung spotteten, ein Galiläer oder ein Mensch, den man als Nazariten ansah, hätte irgendetwas Gutes leisten können. Sie hätten ihn auch dann nicht gekreuzigt, wenn er sich als nicht zu ihnen gehöriger Emporkömmling Führerrechte in ihrer Mitte angemaßt hätte. Die Behauptung, dass er ihre Religion zerstörte oder ihre Kirche schädigte, wird durch keinerlei Tatsachen gestützt. Jesus selbst sagte bei mehr als einer Gelegenheit, dass er nicht gekommen sei, das Gesetz oder die Lehre der Propheten aufzulösen, das Ansehen der Propheten zu schmälern oder ihre Taten herabzusetzen. Er sei gekommen, die Weissagung der Propheten zu erfüllen und ihre Gesetze zu stützen.

Es wurde auch gesagt, dass Jesus versucht habe, die Juden vom Glauben an ihren Gott abzubringen, sie der Lehre eines anderen, des dreieinigen Gottes, zuzuführen und dass er aus diesem Grunde die Verdammung seines Werkes hervorrief. Auch für diese Behauptung fehlt jegliche Begründung, denn wenn er selbst nach dieser Richtung hin nach seinem ersten Gebot befragt wurde, so antwortete er: „Höre, Israel, der Herr unser Gott ist ein einiger Herr" und: „Du sollst den Herrn, deinen Gott lieben von ganzem Herzen, von ganzer Seele und aus allen Kräften." Diese mit der jüdischen Religionslehre vollständig übereinstimmende Anschauung konnte unmöglich Widerspruch hervorrufen. Nur soviel ist wahr, dass Jesus in seinem Bestreben, die Gedanken der Menschen auf höhere Ideale zu lenken, einige Bräuche in der Synagoge scharf kritisierte. Dies hätte die Juden nicht berechtigt, Jesus zu kreuzigen. Sie konnten in dieser Sache weiter nichts tun, als ihn zu ignorieren.

Jesus war in seinen Glaubensäußerungen nicht radikaler als Jesaias und nicht liberaler als Micah. Im Gegensatz zur Meinung vieler Christen, Jesus selbst habe die christliche Kirche gegründet und die erste christliche Bewegung zur Gründung einer eigenen religiösen Gemeinschaft ins Leben gerufen, muss gesagt werden, dass er nie versuchte, eine neue Glaubensgemeinschaft oder eine neue Kirche irgendeiner Art zu errichten. Angenommen aber, er hätte dies versucht, so wäre dies in Palästina durchaus nichts Auffallendes gewesen. Es gab unter den Juden verschiedene Sekten, sehr alte und neue, z.B. die Pharisäer, Sadduzäer, Essener, Nazariten, Nazarener, Kuthiten, Boethusianer und viele andere. Niemals aber wurde ein Gründer dieser Sekten mit dem Tode bestraft. Auch wenn Jesus zum größten Ärger der Strenggläubigen sich selbst zum Messias ausgerufen und damit allgemeinen Glauben gefunden hätte, durfte er gemäß jüdischem Gewohnheitsrecht nicht mit dem Tode bestraft werden. Er konnte sich sogar als den „einzigen Sohn Gottes" bezeichnen (worüber wir keinen Bericht haben), ohne dass diese Behauptung ihm irgendeinen Nachteil gebracht hätte, denn jeder Jude glaubte, dass Gott sein Vater sei, nannte ihn im Gebet stets den himmlischen Vater und sich ein „Kind Gottes". Diese Vorstellung des Verhältnisses der

Menschen zu Gott war bei den Israeliten allgemein üblich. Ein in Hinsicht auf die Verurteilung Jesu wohl zu beachtender Umstand ist sein Kreuzestod. Dieser einzige Umstand beweist, dass Rom den Tod Jesu befohlen hatte und das ganze Strafverfahren von Rom und nicht von den Juden ausging. Wenn die Juden irgendeinen Grund gehabt hätten, sich Jesu zu entledigen, so hätten sie ihn, wie es ihre Art war, gesteinigt. Die Tatsache, dass sein Tod in der römischen Weise der Kreuzigung befohlen und das Todesurteil vonseiten römischer Beauftragter in gesetzmäßiger Weise durchgeführt wurde, zeigt, dass die ganze Angelegenheit nicht eine Gewalttat des Volkes oder eine religiöse Verfolgung durch die Juden darstellte, sondern den Vollzug einer amtlich verkündeten Rechtsentscheidung Roms.

Wir müssen berücksichtigen, dass die Behauptung der Apostel und sonstiger Jünger Jesu, er sei ein Messias und Gottessohn, verhältnismäßig harmlos war im Vergleich zum Treiben jener begeisterten Anhänger, die ihn vergötterten, ihm in ihrer Unbesonnenheit und Kurzsichtigkeit den Titel eines „Königs der Juden" beilegten und ihn auch öffentlich als solchen ausriefen. Das war eine gefährliche Sache und der wirkliche Grund für seine Kreuzigung. Die Juden wollten einen Führer, gleichviel, ob es der wahre Messias oder sein Vorgänger und Vertreter war. Wenn ein mutmaßlicher oder wirklich auserkorener Führer ihnen eine Botschaft des Glückes und Friedens gebracht hätte, wäre ihm die Mehrzahl der Juden, wenn nicht alle, zugefallen. Die Unruhe der Juden Palästinas und ihre Hoffnungen und Pläne, von dem Joch Roms frei zu werden, hatte bei den Römern schon lange Besorgnis erregt. Allenthalben wachten römische Kundschafter, um einen Aufstand oder die Wahl eines Führers für einen kommenden Krieg zu vereiteln. Als die begeisterten Anhänger Jesus heimlich oder sogar offen zum „König der Juden" ausriefen, war dies Grund genug, der Angelegenheit offizielle Beachtung zu schenken und sie nach Rom zu melden. Aus alten Urkunden dieser Zeit geht hervor, dass Jesus von Rom zweifellos gefürchtet wurde. Seine einfachen Lehren standen sicherlich im Gegensatz zu den offiziellen Doktrinen Roms. Seine Predigten waren auf einen idealen Sozialismus gerichtet, der mit dem tyrannischen Imperialismus Roms niemals harmonieren konnte. Die einzige Möglichkeit, Jesus anzugreifen, war nur vom Standpunkte römischer Politik aus gegeben. Das in Palästina stehende römische Heer und die von den Römern aufgestellten Kundschafter ermöglichten es der Regierung, strenge Maßnahmen zu ergreifen, wenn ein Verräter sich zeigte oder eine Erhebung im Gange zu sein schien.

Kaiphas müsste als Spion der römischen Regierung erscheinen, wenn wir ihn nach den geheimen Berichten beurteilen, die er über die Tätigkeit Jesu nach Rom sandte. Auch muss in Betracht gezogen werden, dass er ein persönlicher Gegner Jesu war und deshalb sicherlich alles mögliche unternahm, Rom über Jesus auf dem laufenden zu halten und Jesus die Fortsetzung seines Werkes zu erschweren. Wenn auch Kaiphas ein hervorragender Führer der Sanhedrins gewesen sein mag, so wahrte er in seinen nach Rom gesandten Berichten und in seinem anmaßenden persönlichen Verhalten die Würde dieser Körperschaft schlecht. Es wird sogar berichtet, dass Kaiphas große Geldsummen anbot, um Beweise zur Verhaftung und Untersuchung Jesu sicherzustellen. So finden wir in diesem Manne einen größeren Feind Jesu und seines Werkes, als Judas es gewesen war.

Aus einigen alten Urkunden wird ersichtlich, dass die meisten Streitigkeiten und Revolten, die damals in Palästina an der Tagesordnung waren, mit voller Absicht dem Meister Jesus oder – besser gesagt – seinen Anhängern zugesprochen wurden. Rom gewann allmählich die Überzeugung, dass es sich die ungeheuren Ausgaben für die dauernde Untersuchung und Überwachung der christlichen Bewegung und die damit verbundenen Störungen ersparen könne, wenn es den Führer der so genannten neuen politischen Partei beseitigte. Daher befand sich bereits ein Haftbefehl in den Händen der Behörden zu Jerusalem, als Jesus nach erfolgreicher Tätigkeit in den umliegenden Landesteilen in die Stadt einzog, um sein Werk weiterer Vollendung entgegenzuführen. Da dies gerade kurz vor dem Osterfest der Fall war, wurde es für ratsam erachtet, die Ruhe und Friedlichkeit der jüdischen Festtage nicht zu stören. Kaiphas befürchtete im Falle einer Verhaftung einen Aufstand. Ein solcher Vorfall aber hätte Aufsehen erregt, die feiernden Pilger beunruhigt und nebenbei noch den sehr großen finanziellen Gewinn vermindert, den das Eintreffen der vielen tausende von Pilgern in Jerusalem im Gefolge hatte.

Die alten Urkunden enthalten Hinweise darauf, dass ein Meuchelmord an Jesus durch einige gedungene Mörder nicht nur von religiösen Fanatikern in Jerusalem, sondern auch seitens der lokalen römischen Behörde geplant war. Allerdings wäre, vom Standpunkt der Juden aus betrachtet, eine solche Tat immer noch eher verständlich, als wenn sie von den Römern verübt worden wäre. Die Römer hatten nicht nur allen Grund, sondern auch alte Macht, öffentlich zu verfahren, wenn sie Jesus als politischen Aufrührer verurteilen wollten. Die in der christlichen Bibel dargestellte Geschichte des Judas wurde in vieler Hinsicht abgeändert, um die Tatsache zu veranschaulichen, dass – wie bei alten großen Führern oder Avataren früherer Zeiten – sich auch unter den Anhängern Jesu einer befand, der die bösen Kräfte und Prinzipien der Welt und die unzuverlässigen Elemente verkörperte, die in allen Lebensverhältnissen anzutreffen sind. Nach der geschichtlichen Sachlage erkannten die mit der Verhaftung Jesu beauftragten Behörden, dass eine Festnahme des Meisters, während er predigte oder seine Wunder ausführte, auf große Schwierigkeiten stoßen wurde. Sie mussten in diesem Falte mit einem Volksaufstand rechnen, der nur mit Waffengewalt und durch Vernichtung von Leben und Eigentum hätte durchgeführt werden können. Also mit einer sowohl den Juden als auch den Römern unerwünschten Entwicklung. Deshalb wurde beschlossen, Jesus unauffällig zu verhaften, wenn er sich, von wenigen seiner Anhänger begleitet, außerhalb der Stadt befände. Dazu brauchte man jedoch einen Helfer, der die Persönlichkeit des Meisters in dem weißen Gewande, das so viele Essener trugen, auf größere Entfernung feststellen konnte. Judas war willens, für das ihm angebotene Bestechungsgeld in dieser Weise zu dienen, verkörperte also tatsächlich das böse Element im Menschenleben, wie es die biblische Erzählung schildert. Dass Jesus von den kommenden Ereignissen wusste und ihm nicht unbekannt war, dass treulose, heuchlerische Menschen ihm nach dem Leben strebten, wird nicht nur durch die christlichen Berichte, sondern auch durch viele geheime Urkunden bestätigt. Die Soldaten des römischen Statthalters folgten der Führung des Judas und fanden Jesus und seine Begleiter im Garten Gethsemane, wo er seine geheimen Beratungen mit Nikodemus, Mathaeli, Philopoldi und Joseph von Arimathäa abzuhalten pflegte. Während die Soldaten Jesus verhafteten, machte sich Joseph von Arimathäa rasch auf, um andere über die Ereignisse zu unterrichten und unverzüglich Schritte zu unternehmen, Jesus zu helfen. Pilatus wurde aufgesucht und um Rat gefragt. Er willigte ein, die Angelegenheit bis nach den Festtagen zu verschieben. Er befürchtete, dass einige ungesetzliche Übergriffe und Handlungen, die vorgekommen waren, Kritik herausfordern und seine Stellung gefährden würden. Versucht man, in den alten Geschichten zwischen den Zeilen zu lesen, so gewinnt man den Eindruck, dass Pilatus sich in seinem Verhalten gegen Jesus keinesfalls von unpersönlichen und uneigennützigen Gründen hat leiten lassen.

Rom befahl eine sofortige Untersuchung. Pilatus aber fand – seinen persönlichen Zwecken dienend – sofort einen Weg, die Angelegenheit zu verzögern, ohne das Gesetz zu verletzen oder seinen vorgesetzten Behörden zu widerstreben. Da gab es Leute, die ihn aufsuchten, sich zum Teil als Juden, zum Teil als Anhänger der römischen Regierung vorstellten und verlangten, dass das Gebot des kaiserlichen Befehlshabers sofort vollstreckt werden solle. Der Befehl lautete auf Todesstrafe, falls der Verhaftete schuldig befunden werde. Es wird berichtet, dass die Beschlüsse der unteren Richter und die Zeugenaussagen noch in derselben Nacht überbracht wurden, dass jedoch nach der Meinung des Pilatus der zu sofortiger Vollstrekkung des Urteils notwendige Zeugenbeweis nicht gefunden werden konnte. Einige christliche Geschichten deuten an, dass Personen aus dem Haushalte des Pilatus Anhänger Jesu gewesen seien. Wir finden keine Bestätigung dieser Berichte. Pilatus selbst hatte sich einer von Jesus geleiteten Fernheilung seiner erkrankten Hand unterzogen. Wenn jedoch alle, die von Jesus Heilung oder sonstige Hilfe erlangt hatten, treue Anhänger des Meisters geworden wären, wäre ihre Zahl allein in Jerusalem so groß gewesen, dass niemand eine Kreuzigung hätte beschließen, geschweige denn ausführen können. Aber das ist von jeher das Los der Avatare gewesen, dass der gelähmte Arm, den sie heilten, zur Hand gehörte, die am ersten nach ihnen schlug. Pilatus befürwortete den Aufschub, aber der äußere Druck zur Durchführung des Urteils fand ihn schwach – und er gab nach. Sein Versuch, den Fall Jesus als eines Galiläers und Nichtjuden nach Galiläa zu übertragen und ihn unter die Verantwortung des zum Feste in Jerusalem weilenden Herodes zu bringen, scheiterte an dessen Widerstand. Denn die Amtsstellung des Herodes war weder genügend gefestigt noch frei genug von öffentlicher Kritik, als dass er es hätte wagen können, sich an einer Affäre zu beteiligen, von der er wusste, dass sie entgegen dem äußeren Anschein eine bedenkliche Sache darstellte. Die Intriganten fürchteten, dass Jesus sich in der Zwischenzeit ihren Nachstellungen entziehen könnte. Von seinen Anhängern wurde darauf hingearbeitet, eine gerechte Untersuchung und genügenden Aufschub zu erlangen, um seine Verteidigung vorbereiten zu können. Jesus selbst schien sich wenig um den Streit der Parteien zu kümmern. Es wird berichtet, dass er in diesen bitteren Stunden in friedfertiger Gesinnung fortfuhr, Kranke zu heilen und zu lehren. Wer wollte nicht die Majestät der Gesinnung bewundern, die Jesus dazu befähigte, obwohl er bestimmt wusste, was ihn erwartete. Die Freunde Jesu, die versuchten, seine Verteidigung vorzubereiten oder ihm die Freiheit zu sichern, erinnerten an die Gepflogenheit, aus Anlass des Festes einige Gefangene dem Leben und der Freiheit zurückzugeben. Das Gesuch wurde den Behörden mit der Begründung unterbreitet, dass das Volk Jesus als den einzigen, einer solchen Festesgabe Würdigen, allen anderen vorziehen werde. Auch dieser Versuch scheiterte. Endlich übergab Pilatus Jesus den Anklägern und seinen persönlichen Feinden, und der die Kreuzigung einleitende Prozess der Geißelung begann. Das bei dieser Gelegenheit in allen Urkunden gekennzeichnete Verhalten der Führer des Volkes zeigt, dass einige Juden als persönliche Gegner Jesu die größte Feindschaft und höchste Abneigung gegen ihn bekundeten.

Die Apostel und die Führer der Essener verfolgten unterdes im Stillen ihre Pläne weiter und legten bei den höheren Behörden Berufung ein, um ihrem Meister das Leben zu retten. Jene, die wussten, dass eine Berufung an den Kaiser zu nochmaliger Prüfung der Sachlage und verschiedene Gesuche um Vermittlung an andere Behörden abgegangen waren, konnten nicht begreifen, warum diese Umstände sich nicht rascher auswirkten. Nach den Urkunden war eine große Zahl der Anhänger Jesu der Meinung, dass Betrug begangen worden sei, während einige sich vergegenwärtigten, dass Jesus sie über die wahre Natur der Kreuzigung unterrichtet und ihnen gesagt habe, wie sie enden und was sie für das große Werk der geheimen Organisation bedeuten würde. Zwei Gruppen beobachteten also die kommende Entwicklung: die einen ängstlich wartend, dass etwas sich ereignen möchte, was allem Übel Einhalt gebiete, die anderen intuitiv fühlend, vielleicht durch geheime Informationen bestätigt, dass alles anders endigen werde, als man allgemein glaubte.

Nahezu eine Woche war seit der Ausstellung des Haftbefehls verflossen, und Stunde um Stunde ängstlichen Harrens verrann, bis Jesus schließlich doch noch auf einem Hügel außerhalb der Stadt, der wegen seiner schädelähnlichen Form Golgatha hieß, ans Kreuz geschlagen wurde. Hier wurden, römischem Brauch entsprechend, seit vielen Jahren die zum Tode Verurteilten gekreuzigt. Das Kreuz war bei den Römern von alters her ein Werkzeug zur Vollstreckung der Todesstrafe, bei den Essenern aber ein Sinnbild menschlicher Leiden, Prüfungen und Versuchungen. Aber seit der Errichtung dieses besonderen Kreuzes mit seiner teuren Last wurde das Kruzifix für die Brüder im weißen Gewande ein neues Symbol und hatte von dieser Stunde an bei der geheimen Bruderschaft eine neue Bedeutung im geistigen und mystischen Sinne. Die jüdischen Agitatoren, die sich ringsum versammelt hatten, um von der Aufstellung des Kreuzes, Zeuge zu sein, zerstreuten sich endlich um Vorbereitungen für den nahenden Sabbat zu treffen, während die Ungläubigen und die Brüder der geheimen Organisationen bei dem Kreuze blieben, um zu wachen und den Leib des Meisters zu beschützen. Die von Jesus am Kreuze gesprochenen Worte wurden in neuerer und früherer Zeit unterschiedlich ausgelegt. Jene, die bezweifeln, dass Jesus der große Meister und Gottessohn war, wie seine Apostel und Anhänger behaupteten, weisen auf die beim Evangelisten Markus, Kapitel 15,

Vers 34, aufgezeichneten Worte hin, die dort in einer von Jesus beherrschten Sprache wiedergegeben sind: „Eloi, Eloi, lama asabthani? Sie bedeuten nach der Erklärung der Bibel: „Mein Gott, mein Gott, warum hast du mich verlassen?“ Das Buch des Matthäus enthält den gleichen Wortlaut. Alle vier Evangelien aber stimmen in der Aussage überein, dass Jesus, nachdem er alle Worte vollendet hatte, seinen Geist aufgab oder hingab. Diese Worte Jesu und die Formulierung, dass er „seinen Geist hingab“, sind im mystischen Sinne höchst bedeutsam. Es war der Heilige Geist, den Jesus in jenem Moment aufgab. Derselbe Heilige Geist, der in den Schoß Marias kam und die schöpferische Kraft des Logos offenbarte. Derselbe Heilige Geist, der bei der Taufe auf Jesus herabkam und ihm die Macht und Kraft verlieh, der lebendige Vertreter des Logos auf Erden zu sein. Im entscheidenden Augenblick erkannte Jesus nun die Notwendigkeit, die ihm innewohnende Kraft und Macht des Heiligen Geistes dorthin zurückzugeben, von woher sie zu ihm gekommen war und zu erkennen, dass er seine Mission erfüllt habe und nicht mehr die lebendige Kraft des Logos auf Erden sein könne. Im Evangelium des Lukas finden wir die Bestätigung in den Worten Jesu: „Vater, in deine Hände befehle ich meinen Geist.“ Johannes aber berichtet, dass Jesus rief: „Es ist vollbracht!“

Der Mystiker versteht ohne weiteres, dass die Tatsache der Aufgabe des Geistes nicht gleichbedeutend sein kann mit dem Aufgeben des Lebens, der Lebenskraft oder des Lebensbewusstseins. Diejenigen aber, die die seit dem fünften Jahrhundert aufgekommene Ansicht vertreten, dass Jesus bei der Kreuzigung am Kreuze starb, gebrauchen den Ausdruck „den Geist aufgeben“ im oben genannten Sinne der Hingabe des leiblichen Lebens und Bewusstseins. Wenn aber in diesem besonderen Falle der Heilige Geist als Leben, Lebenskraft oder Lebensbewusstsein betrachtet werden soll, dann müsste diese Auffassung konsequenterweise auch überall da Platz finden, wo der Heilige Geist in Verbindung mit dem Leben Jesu genannt wird. Können wir aber davon sprechen, dass Jesus, als bei seiner Taufe der Heilige Geist auf ihn herabkam, Leben, Lebenskraft und Lebensbewusstsein erhielt, dies also den Anfang seiner Existenz als lebendes Wesen bedeutete? Es geht nach allen Evangelien aus der Geschichte der Taufe Jesu klar hervor, dass der auf ihn herabkommende Heilige Geist jene heilige Macht und göttliche Kraft war, die von seinem Leib und von seiner Seele Besitz ergriff, um die Vorbereitung und Vollendung in seiner Entwicklung zum Gottessohn, Avataren und lebendigen Christus herbeizuführen. Was sich im fraglichen Moment als Gipfelpunkt seiner kurzen Mission und als Abschluss seines offiziellen Christus-Seins am Kreuz ereignete, war die Umkehrung des Prozesses, war die Zurücknahme des Heiligen Geistes und der Christuswürde zum Geiste und Bewusstsein Gottes.

Wir sehen also, dass die Worte: „Eloi, Eloi, lama asabthani?“ die Bedeutung: „Mein Gott, mein Gott, warum hast du mich verlassen?“ nicht haben können, und dass sie entweder eine verborgene Bedeutung haben oder falsch wiedergegeben sind.

Gehen wir zu unseren alten Urkunden und den in zuverlässigen Archiven registrierten, ursprünglichen Übersetzungen und Abschriften zurück, so finden wir, dass die dort aufgezeichneten Worte lauten: „Heloi, Heloi, lama asabthani?“ das heißt: „Mein Tempel von Helios, meine Brüder von Helios, warum habt ihr mich verlassen?“ und dass Jesus damit auf die Brüder des Tempels zu Helios hinwies, wo er eingeweiht worden war. Es war von ihnen geplant, unnötige Leiden von Jesus abzuwenden und zur Hilfeleistung bereit zu sein, wenn dies notwendig würde. Im Zeitpunkt seines stärksten Leidens aber bemerkte Jesus nicht, dass sie etwas für ihn taten und erblickte in ihrer Abwesenheit einen Mangel an Aufmerksamkeit in einem entscheidenden Moment. Und es geschah, dass Jesus in das Stadium des Überganges vom göttlichen zum menschlichen Meister einging und seinen Gipfelpunkt in der Himmelfahrt erreichte, wie sie im nächsten Kapitel beschrieben werden soll. Wir sehen also, dass die letzten Worte Jesu am Kreuze zu einem weiteren Akte seiner wirklichen Hoheit und Übereinstimmung mit Gott hinführten.

Als die Sonne ihre letzten Strahlen über den Horizont warf, der Himmel sich zu verfinstern begann und ein Sturm anhob, der den Gläubigen bedeutungsvoll erschien, herrschte im Palaste des Pilatus große Aufregung. Ein Herold war angekommen und hatte ein mit dem

Geheimsiegel des Kaisers Tiberius verschlossenes Dokument überreicht, dessen Inhalt alle zu erfahren suchten. Durch das Schriftstück erhielt Pilatus die Weisung, den Haftbefehl zurückzuziehen und alle bereits getroffenen Maßnahmen abzubrechen, bis eine vollständige Untersuchung durch Cyrenius durchgeführt werden könne. Bis zur vollen Klärung der Angelegenheit sei Jesus die Freiheit zurückzugeben. Pilatus sandte sofort einen Boten an die Vollstreckungsbeamten, gab ihnen Kunde von dem kaiserlichen Befehl und wies sie an, keine weitere Vollstreckung oder körperliche Tortur anzuordnen. Seine Anweisung bestimmte, den Leib Jesu, falls noch Leben in ihm wäre, vom Kreuze abzunehmen und zur Pflege in ein Hospital zu bringen. Diese Entwicklung, von Nikodemus, Nathaeli und Joseph von Arimathäa vorausgesehen, war eine sehr unerfreuliche Überraschung für die Intriganten und ihre Verbündeten. Der inzwischen ausgebrochene Sturm verzögerte die Abnahme Jesu um einige Stunden, jedoch wurden ihm in dieser Zeit Speise und Trank gereicht und sein Körper wurde derart gestützt, dass die durch das Gewicht des Körpers an den Kreuzigungsstellen entstandenen, qualvollen Schmerzen gemildert wurden. Die wenigen Getreuen bemerkten mit großer Angst, dass eine unheimliche Ruhe und Erstarrung über den Körper kam und Jesus teilweise das Bewusstsein verlor. Sobald sich der Sturm gelegt hatte, wurden Fackeln gebracht und eine Untersuchung des Körpers wurde vorgenommen. Sie ergab, dass Jesus nicht tot war. Alsbald wurde das Kreuz niedergelegt und der Körper abgenommen. Danach wurde Jesus in ein Grabgewölbe gebracht, das Joseph von Arimathäa, ein sehr wohlhabender Mann, sich als Familiengruft hatte bauen lassen. Jesus wurde in einen für die Aufnahme besonders vorbereiteten Teil der Gruft gebettet, und Ärzte der Essener-Bruderschaft waren zur Hand, um für die entsprechende Wundbehandlung Sorge zu tragen. Die Essener hatten die Erlaubnis erhalten, diese Gruft als Begräbnisstätte Jesu zu benützen. Die Behörden hatten diese Erlaubnis in dem Glauben erteilt, dass dieser Ort die dauernde Ruhestätte für Jesus sei. Deshalb meldeten, kurz nachdem der Körper Jesu in die Gruft gebracht war, die zur Bruderschaft gehörenden Wächter die Ankunft der Amtspersonen, die das Grabgewölbe zu untersuchen und das Begräbnis zu genehmigen hatten. Jesus hatte soeben volles Bewusstsein erlangt, und nachdem seine Wunden von den Essenern richtig verbunden worden waren, wurde er in Erwartung eines kurzen Schlafes gerade in reine, weiße Kleider gehüllt, als die Beamten die Gruft erreichten. Diese waren berechtigt, die Schließung der Gruft zu überwachen und ihr Siegel am Tore und an den abschließenden Steinen anzubringen. Augenscheinlich ist dem Gesetze entsprechend seitens der Beamten alles geschehen, die Gruft in offizieller Weise zu schließen, als ob sie zur dauernden Ruhestätte bestimmt gewesen wäre. Nach unseren Urkunden ist aber doch mancherlei unterblieben, da die Essener dafür gesorgt hatten, dass nicht jede Möglichkeit des Ein- und Austretens abgeschnitten war. Die in den Urkunden gegebene Beschreibung der Gruft ist nicht vollständig genug, um ihre Form und ihre Einrichtung verstehen zu können. Es besteht keine Sicherheit darüber, ob sie einen oder mehrere Ausgänge hatte, doch geht aus den Urkunden hervor, dass ein großer Stein nötig war, um den Eingang abzuschließen, nachdem die Tore verschlossen waren. Der Stein hatte den Zweck, den Eingang zu verbergen, sodass die an einem Felsen angebrachte Begräbnisstelle nicht zu sehr in die Augen fiel und wenig beachtet wurde. Es wird auch erzählt, dass Nikodemus befürchtete, es könnte zu Unruhen am Grabe kommen. Er vergegenwärtigte sich, dass manche Anhänger Jesu, aufgebracht über das hinterlistige Verhalten des Kaiphas, sich in ihrem Groll zu unüberlegten, gesetzwidrigen Handlungen hinreißen lassen könnten. Deshalb forderte er zur Genugtuung des Kaiphas für die Aufrechterhaltung der Ordnung den behördlichen Schutz des Grabes an.

Nach kurzer Unterbrechung tobte in später Nacht der Sturm wiederum heftig durch die Täler Judäas. Donner rollte und Blitze leuchteten grell in den ringsum liegenden Bergen. Nach den Urkunden war es ein ganz außergewöhnlicher Orkan, der die Straßen Jerusalems und sämtliche Wege in der Nähe der Stadtmauern menschenleer fegte und sogar Wächter und Soldaten in ihren Unterschlupf zwang.

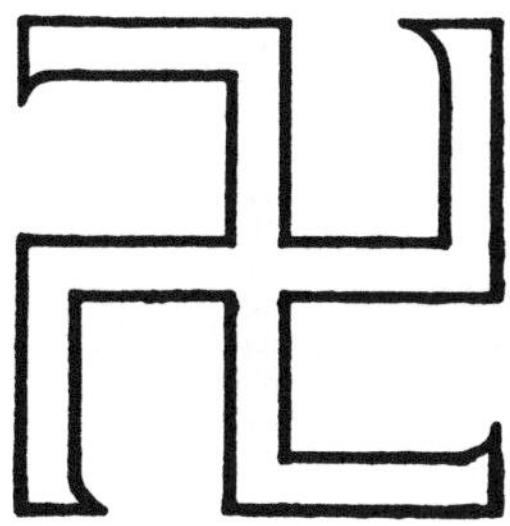

Das abgebildete Emblem ist eines der ältesten volkstümlichen mystischen Zeichen und wurde in den USA irrtümlicherweise den amerikanischen Indianern zugeschrieben, weil seine Anwendung in ihren mystischen Dekorationen vielfach beobachtet werden konnte. Die neuere Forschung stellte fest, dass es neben anderen sehr alten Symbolen hei den Mayas in Yucatan wahrscheinlich schon Jahrhunderte vor der christlichen Zeitrechnung in Gebrauch war. Es fand sich auch unter den Bildern des alten buddhistischen Tierkreises, in den Inschriften des Königs Aschoka, und war auch das Sektenzeichen der Jains und der Sekte des Xaca Japonicus. Das Zeichen stellt die in den christlichen Katakomben gefundene früheste Form des Kreuzes dar und war auch als eines der heiligsten Symbole in den Klostern Tibets bei der Großen Weißen Bruderschaft in Gebrauch. In der christlichen Symbolik erscheinen seine zwei gekreuzten Gammas als Zeichen des „Vertrauens in den Gekreuzigten“.

16. Kapitel

Die geheimen Tatsachen der Auferstehung

Ehe die Sonne aufging, näherten sich Joseph von Arimathäa und andere Essener, die sich in der Nähe verborgen gehalten hatten, dem Grabe. Die Wächter waren, um sich vor dem Regen zu schützen, unter das Dach einer nahe gelegenen Stallung getreten. Die bei der Versiegelung des Grabes beobachtete Nachlässigkeit der Behörde nutzend, beseitigten die Essener den großen Stein, um den Zugang freizumachen und in der vorgesehenen Weise ins Grab zu gelangen. Als sie das Grabgewölbe betreten hatten, fanden sie Jesus, der, bequem ruhend, Kraft und Leben rasch wiedergewann. Nach einer Stunde hatte sich der Sturm so weit gelegt, dass die Essener Jesus aus dem Grabgewölbe geleiten konnten.

Jesus hatte die durch seine Verbundenheit mit dem Kosmos ihm zuströmenden Kräfte benutzt, um wieder in den Besitz seiner körperlichen und geistigen Fähigkeiten zu gelangen. Deshalb war es den Essenern möglich, ihn auf ein Fohlen zu heben und, mit schützender Kleidung bedeckt, durch Regen und tiefe Finsternis in ein Heim der Bruderschaft zu führen, das nicht weit von den Mauern der Stadt entfernt lag.

Im biblischen Buche des heiligen Johannes, wie in den alten Urkunden, aus denen ich schöpfe, ist eine der wichtigsten Kreuzigungsmaßnahmen erwähnt, eine Tatsache, deren Bedeutung von Lesern und Forschern der Bibel häufig übersehen wird. Es bestand die Gepflogenheit, die Gebeine der Gekreuzigten zu zerschlagen und die Körper einige Tage am Kreuz hängen zu lassen, sodass keine Lebensmöglichkeit mehr bestand. Der Körper Jesu wurde aber abgenommen, ohne dass ihm die Knochen gebrochen wurden, während die Soldaten an den Verbrechern, die mit Jesus gekreuzigt worden waren, diese Prozedur vollzogen. Dies war sicherlich kein Versehen der Soldaten, die die Maßnahme an den beiden Verbrechern nicht bloß im Vollzug ihres Auftrags, sondern auch infolge jahrelanger Gewohnheit ausführten. So kann nicht angenommen werden, dass sie, nachdem sie die Handlung an zweien vollzogen hatten, Jesus vergessen haben sollten. Nach den alten Urkunden, auf die ich mich beziehe, hatten die Soldaten von dem kaiserlichen Erlass Nachricht erhalten. Jesus solle unverzüglich vom Kreuz genommen und alles aufgeboten werden, Kraft und Bewusstsein zurückzurufen, wenn er noch nicht gestorben sei. Die Soldaten durften Jesus nicht verletzen oder quälen und mussten alles tun, was ihm Linderung brachte. Sie waren bestrebt, ihn sobald wie möglich aus der Todesangst und Pein zu befreien.

Es muss hier darauf hingewiesen werden, dass in den Evangelien des Matthäus, Markus, Lukas und Johannes nicht gesagt wird, Jesus sei am Kreuze gestorben oder tot gewesen, als man ihn abnahm und in das Grabgewölbe legte. Ich weiß wohl, dass sich in den von der christlichen Kirche allgemein gebrauchten Glaubensbekenntnissen einige Angaben darauf beziehen, dass Jesus am Kreuze litt und starb, und dass allgemein geglaubt wird, dies sei den Berichten der verschiedenen Apostel entnommen. In Wirklichkeit verhält es sich so, dass die apostolischen Glaubensbekenntnisse in den Jahrhunderten nach der Kreuzigung durch die zahlreichen hohen Konzile der christlichen Kirche Abänderungen unterzogen worden sind, und die ersten Entwürfe des Glaubensbekenntnisses, die ich vor mir habe, sich von den später angenommenen unterscheiden.

Im dritten Entwurf finden wir die Angabe, dass Jesus „an ein Kreuz geschlagen wurde und am dritten Tage auferstand.“ Im ersten und ursprünglichen Entwurf lautete die Stelle, dass Jesus unter Pontius Pilatus gekreuzigt und „am dritten Tag vom Tode zum Leben gebracht“ wurde. Im letzten Entwurf aber finden wir, wie bekannt, folgenden Wortlaut. „... gelitten unter Pontius Pilatus, gekreuzigt, gestorben und begraben“.

Die in dem einen Entwurf gegebene Darstellung, dass Jesus „vom Tode erstand“, sollte in Beziehung gesetzt werden zu Lukas 24, Vers 5, wo an Jünger, die den Herrn suchten, die Frage gestellt wird: „Was sucht ihr den Lebenden bei den Toten?" Wir müssen berücksichtigen, dass Jesus in ein für Tote bestimmtes Grabgewölbe, an einen für Tote bestimmten Ort gebracht wurde und alles in der Umgebung auf Grab und Tod abgestimmt war. Der Sinn der gestellten Frage ist also: „Wenn ihr Jesus suchet, den immerlebenden Gottessohn, warum kommt ihr zu einem Friedhof und schaut in Grabgewölbe und Gruften? Warum hofft ihr, da einen Lebendigen zu finden, wo nur Tote zu finden sind?" Die früheren Entwürfe des apostolischen Glaubensbekenntnisses lassen die zugrunde liegende Idee deutlich erkennen, dass Jesus nach der Kreuzigung vorübergehend in ein Grabgewölbe unter die Toten gelegt wurde, sich jedoch bald erhob, die Umgebung verließ und wieder an seinen Platz unter den Lebenden zurückkehrte.

Weder in den genannten früheren Entwürfen noch in den Erörterungen der hohen kirchlichen Konzile, die sich im Laufe der Jahrhunderte mit der Festlegung des Glaubensbekenntnisses befassten, wird angedeutet, dass zu glauben wäre, Jesus sei am Kreuze oder unmittelbar nach der Kreuzigung in einem Grabgewölbe gestorben. Das Glaubensbekenntnis wurde so lange nach den Tagen der Apostel und der Abfassung der biblischen Bücher zusammengestellt, dass es ebenso erfunden und geschaffen werden musste, wie die verschiedenen neuen Glaubensgrundsätze des Christentums. Nach dem Zugeständnis der römisch-katholischen Enzyklopädie vertreten viele höchste kirchliche Autoritäten den Standpunkt, dass die Entstehung des Glaubensbekenntnisses nicht weiter zurückverfolgt werden kann als in die zweite Hälfte des fünften Jahrhunderts und dass die Geschichte von der am ersten Pfingstfest vollzogenen Aufstellung des Glaubensbekenntnisses durch die Apostel eine aus dem sechsten Jahrhundert stammende Legende darstellt. In der römisch-katholischen Enzyklopädie lesen wir auch folgende interessante Äußerung: „Die Wahrung des Anspruches der Apostolizität (des apostolischen Glaubensbekenntnisses) durch neuzeitliche Apologeten bezieht sich nur auf die alte römische Form und ist etwas unklar durch die Einschränkung, dass diese alte römische Form von den verschiedenen Kirchengemeinschaften nicht hätte abgeändert, insbesondere aber niemals gänzlich durch die jetzt bestehende Fassung hätte verdrängt werden können, wenn sie wirklich als die von den Aposteln inspirierte Ausdrucksweise gegolten hätte".

Nach den Rosenkreuzer-Urkunden und anderen alten Belegen kamen nach dem Sabbat verschiedene Personen an das Grabgewölbe, den Leichnam Jesu zu sehen. Sie brachten nach dem bei Sterbefällen üblichen Brauch Spezereien, sauberes Linnen und andere Dinge, fanden aber das Grabgewölbe offen und Jesus abwesend. Der Sturm, das Gewitter, vielleicht auch ein leichtes Erdbeben, hatten Trümmer und Verwüstung im Friedhof hinterlassen. Grabmäler waren umgeworfen worden und durch weggerollte oder aus ihrer Lage verschobene Steine war eine Anzahl von Gräbern geöffnet worden.

Die Soldaten, von denen man annahm, dass sie sich auf ihren Posten befänden, den Leichnam Jesu zu bewachen, verließen bei anbrechendem Morgen ihren Unterschlupf und trafen mit den Besuchern des Grabes zusammen. Schnell hatten sie eine Erklärung für das Vorgefallene bereit. Sie gaben das pflichtwidrige Verlassen ihres Posten, das schwere Bestrafung und Einkerkerung zur Folge gehabt hätte, nicht zu, sondern berichteten, eine unsichtbare Macht habe bei dem heftigsten Toben des Sturmes die Grabgewölbe geöffnet und in einem großen, blendenden Licht seien geheimnisvolle Gestalten gewandelt, die Jesus, der ins Leben zurückgekehrt war, fortführten. Diese Geschichte erschien den Soldaten nicht viel verwunderlicher als hundert andere, die über Jesus und seine Wunder und über die Offenbarungen des Zorns und der Liebe Gottes in Verbindung mit vielen ungewöhnlichen Dingen in den letzten neun Jahren erzählt wurden.

Die Öffentlichkeit und die Anhängerschaft Jesu waren gerne bereit, die von den Soldaten erzählte Geschichte zu glauben. Pilatus war sich darüber klar, dass Jesu Leben gerettet und die Geschichte benutzt worden war, um die Neugierigen zu befriedigen. Da Rom die Freigabe Jesu angeordnet hatte und sich wenig um seinen gegenwärtigen Aufenthalt kümmerte, wurde keine Untersuchung eingeleitet und die Erzählung der Soldaten und der Anhänger Jesu als Erklärung des Sachverhaltes akzeptiert.

Die in der christlichen Bibel und in anderen Schriften erzählten Ereignisse der Auferstehungsgeschichte mögen, da auf Aussagen verschiedener Personen beruhend und sich da und dort widersprechend, in ihren genaueren Einzelheiten mehr oder weniger wahr sein. In den Rosenkreuzer-Urkunden ist eine bemerkenswerte Erklärung dafür aufgezeichnet, warum das Grabgewölbe des Joseph von Arimathäa in den ersten Jahren nach der Auferstehung von der Bruderschaft und tausenden von Anhängern Jesu als Heiligtum benutzt wurde. Das Grabgewölbe war stark beschädigt, in den schützenden Fels und die Steine der Stützmauer war ein gewaltiger Spalt gerissen. Es hatte den Anschein, als sei das Gewölbe während des Sturmes vom Blitz getroffen worden. Bei einem so verheerenden Sturm am heiligen Grab und an den Grabstätten und Gewölben der Umgebung ist es verständlich, wie die Soldaten zu ihrer Erzählung kamen und warum sie so bereitwillig geglaubt wurde.

Die Essener führten Jesus so rasch wie möglich weg und brachten ihn zu einem Bruder nach Galiläa. Sie wollten ihm Ruhe und Erholung verschaffen und ihn auf einige Zeit an einen verborgenen, entlegenen Ort bringen.

Jesus war ziemlich rasch wieder hergestellt und fähig, einen Teil seines Reiseweges zu Fuß zurückzulegen. Dabei traf er einige Bekannte, die überrascht waren, ihn am Leben zu finden. Aus dieser Zeit seiner Genesung haben wir viele traditionelle Geschichten über die Begegnungen mit Jüngern und anderen.

Wenn Jesus in dieser Zeit bei verschiedenen Gelegenheiten inmitten seiner Jünger erschien, so handelte es sich dabei in einzelnen Fällen um Erweise der Fähigkeit des Meisters, seine bewusste Persönlichkeit an Orte zu versetzen, die von seinem physischen Körper weit entfernt waren. Solche Demonstrationen höherer spiritueller Gesetze waren nicht nur bei Jesus üblich, sondern auch bei vielen hervorragenden Avataren der Vergangenheit. Tatsächlich machten sich auch einige seiner Apostel und Jünger und viele Brüder der Großen Weißen Bruderschaft häufig an entfernten Orten anderen Menschen sichtbar. In den gegenwärtigen Lehren der Rosenkreuzer der verschiedenen Länder finden wir die dem Menschen zur Verfügung stehenden einfachen Gesetze, deren Anwendung jenen hohen Grad psychischer Entwicklung verleiht, der befähigt, das psychische oder seelische Bewusstsein an einen entfernten Punkt zu versetzen. Sie ermöglichen es, das Bewusstsein dem höheren Sinne solcher Personen erkennbar, sogar fühlbar zu machen, die in gleicher Weise den richtigen Grad der Empfänglichkeit entwickelt haben.

Für Jesus war nun die Zeit gekommen, seine Missionsarbeit endgültig abzuschließen, um – wie alle Avatare vor ihm – in das Stadium stillen Wirkens, das Ziel aller Boten der Großen Weissen Bruderschaft, einzutreten. Die noch zur Verfügung stehende Zeit widmete er in der Hauptsache der Unterweisung seiner Jünger über die bei ihrem Werk der Öffentlichkeit darzubietenden Lehren und Grundsätze und bereitete sie auf ihre Missionsarbeit vor, die sie nach seinem Rückzug aus der Öffentlichkeit an seiner Stelle fortzusetzen hätten. In der äußeren Erscheinung Jesu war während seiner Kreuzigung durch den Aufstieg des Heiligen Geistes aus seinem Bewussten eine bedeutende Änderung vorgegangen. Deswegen wurde er während seines Aufenthaltes in Galiläa von vielen, die mit seiner physischen Erscheinung und seiner geistigen Aura sehr wohl vertraut waren, in der Kleidung eines einfachen Esseners oft nicht erkannt. Die Jünger wussten, dass noch ein bedeutendes Ereignis seines Lebens bevorstand, das, von den Führern der Bruderschaft bereits vorbereitet, ihm einen würdigen Platz unter den Menschen sichern sollte. Vierzig Tage dauerte die engere Verbindung mit seinen Jüngern und Aposteln. Auch hier begegnen wir wieder einer der mystisch bedeutungsvollen vierzigtägigen Perioden, die ich erwähnt habe. Während dieser vierzig Tage wohnte Jesus verschiedenen Mahlzeiten oder symbolischen Festen bei, die der Eigenart der Essener entsprachen und später zu zeremoniellen Formen der christlichen Kirche erhoben wurden. So ist z.B. das so genannte Abendmahl in den Lehren der Kirche über das Leben Jesu sehr wichtig geworden. Neben diesem gab es noch eine Menge anderer Feste, von denen in den christlichen Urkunden nichts erwähnt ist, weil sie als weniger bedeutungsvoll erachtet und nicht von so vielen Jüngern besucht wurden wie das Abendmahl.

Am vierzigsten Tage versammelten sich die Apostel gemäß den erhaltenen Anweisungen, abseits von der Menge des Volkes und unbeobachtet durch Vorübergehende, auf dem Gipfel eines in der Nähe Jerusalems gelegenen Berges. Es war vor Sonnenuntergang, als Jesus in ihre Mitte trat und sie vor sich in einer halbkreisförmigen, nach der Sonne blickenden Gruppe ordnete. Wie er ihnen in dieser Weise gegenüberstand und sein herrliches Bild sich vom Rot und Gold des Himmels wunderbar abhob, begann er, ihnen den Zweck dieser ungewöhnlichen, geheimen Zusammenkunft und ihr zukünftiges Werk zu erklären. Nach den Urkunden sagte er zuerst, dass kein Apostel den Kreis verlassen oder vom Gipfel des Berges gehen solle, ehe er von seinem himmlischen Vater den Heiligen Geist und die göttliche Kraft empfangen hätte, sein Werk als berufener Gottesbote weiterzuführen. Mit anderen Worten: Er offenbarte ihnen, dass apostolische Kraft von einer göttlichen Quelle zu ihnen kommen werde und niemand die Harmonie der Übereinstimmung mit dem Kosmos, die er zu begründen im Begriffe stand, unterbrechen dürfe, ehe jeder von ihnen sich des Einströmens des Heiligen Geistes bewusst geworden sei. Wenn wir diese Ereignisse im rechten Lichte betrachten, wird uns klar, dass Jesus allen Grund zu dieser Anordnung hatte. Er wusste, dass in einem bestimmten Augenblick jeder glauben würde, dieses seltsame Ereignis sei beendet und es sei nicht nötig, länger auf dem Berggipfel zu verweilen.

Aus den Fragen der Apostel geht hervor, dass sie wissen wollten, welches Ausmaß ihre Tätigkeit annehmen und inwieweit ihre Arbeit die Gründung des Reiches Gottes, das Jesus als bevorstehend verkündet hatte, vorbereiten solle. Aber Jesus befriedigte ihre Neugierde in diesem Augenblick nicht und versicherte, dass ihnen zur rechten Zeit alles klar werden würde. Ferner sagte er ihnen, dass sie nach dem Empfang des Heiligen Geistes hinausgehen sollten in die Welt, um ihre individuelle Mission durchzuführen und das große Werk in allen Teilen der Welt zu bezeugen.

Nach weiteren Belehrungen über ihre ersten Handlungen nach dem Verlassen des Berges forderte Jesus jeden einzelnen auf, sich aus seiner sitzenden Stellung zu erheben und seine Arme in der Form des

Essenergrusses über der Brust zu kreuzen. Dann entfernte er sich einige Schritte von ihnen und stand in einer Linie zwischen ihnen und dem Rande der untergehenden Sonne, erhob Hände und Arme zum Himmel und betete. Und während die Apostel beobachtend lauschten, stand Jesus von hellem Lichtglanz umgeben. Über seinem Haupte bildete sich ein Nebel und hüllte ihn allmählich ein.

Als der Nebel sich erhoben hatte und gegen den Himmel aufstieg, sahen die Jünger, dass Jesus verschwunden war und sie allein zurückgelassen hatte. In ihrem Erstaunen sahen sie einander an, als erwartete einer vom anderen eine Erklärung. Etliche waren schon im Begriffe, die Stelle zu verlassen, als einer sagte: „Gedenket der Worte des Meisters und harrt aus bis zur Ankunft des Heiligen Geistes!" Da erkannten die Jünger, dass die Zeit ihres Aufbruches noch nicht gekommen war, blieben stehen und gewahrten bald zwei Männer, schwach sichtbar und klar wie violettes Licht. Einer von ihnen sagte: „Blicket nicht länger nach den Nebeln, in denen euer Meister aufgestiegen ist. Wie er euch verließ, so wird er immer wieder zu euch kommen. Seine irdische Mission ist erfüllt und er soll in euren Herzen wohnen und in den Herzen jener, die ihn lieben. Die Mission seines Lebens aber wird er weiterführen durch seine Boten des Lichts. Empfanget deshalb von eurem Vater im Himmel den Heiligen Geist und die Kraft des Wortes, zu lehren und die geistigen Gesetze des Reiches Gottes zu verkünden, als den Schlüssel zu den Pforten der Zukunft." Dann verschwanden die zwei Männer vor den Augen der Jünger, die erkannten, dass sie von ihrem himmlischen Vater verklärt und mit dem Heiligen Geist begabt waren.

Voll Ruhe und Frieden wanderten die Apostel nach Hause, um unter den Angehörigen der Bruderschaft zu wohnen. In jener Nacht aber erschien Jesus bei den Hohepriestern des Klosters zu Karmel und zog sich in die Räume zurück, die für ihn als sein Sanktum bereitgestellt waren. Und das Tor seines öffentlichen Lebens ward abgeschlossen gegen die Welt.

17. Kapitel

Das unbekannte Leben Jesu

Nach den Erzählungen der christlichen Bibel erreichte das irdische Leben Jesu seinen Höhepunkt und seinen Abschluss in der Himmelfahrt. Die gegenwärtigen Bücher der Bibel mit ihren Berichten über das Leben Jesu sind aus einer ursprünglich vorhandenen, großen Sammlung heiliger Schriften entnommen und ausgewählt. In manchen anderen, von der christlichen Kirche abgelehnten und verworfenen heiligen Büchern dieser ursprünglichen Sammlung sind Nachrichten über Episoden aus Jesu Leben enthalten, die in den ausgewählten biblischen Büchern nicht dargeboten werden. Die für die Bibel abgelehnten heiligen Schriften bilden einen besonderen Band und werden heutzutage von einer großen Zahl hervorragender kirchlicher Persönlichkeiten benützt, weil sie interessante Streiflichter auf viele andere, in den biblischen Büchern geschilderte Begebenheiten des Lebens Jesu und seiner Apostel werfen.

Die Himmelfahrt, wie sie im vorhergehenden Kapitel beschrieben wurde, war ein durchaus mystischer und psychischer Vorfall. Nichts in den ursprünglichen Berichten rechtfertigt den Glauben, dass Jesus sich physisch, d.h. mit seinem natürlichen Körper, in einer Wolke zum Himmel erhob. Die Worte Jesu, dass er zu seinem Vater gehe oder zu seinem himmlischen Vater zurückkehren wolle, bedeuten ganz gewiss nicht, dass er sich in seinem physischen Körper zum Himmel erheben werde: Sie enthalten nicht die geringste Andeutung, in welcher Weise sich die Rückkehr seiner geistigen Wesenheit ereignen würde. Dieser Vorfall im Leben Jesu muss im mystischen oder geistigen Sinne, ungefähr in der Weise betrachtet werden wie die Angaben über die Notwendigkeit der Wiedergeburt zum Eintritt ins Reich Gottes. Nicht um eine Wiedergeburt des physischen Körpers in der irdischen Lebenszeit eines Geschöpfes handelt es sich in diesem Falle, sondern um eine geistige Erneuerung des Menschen durch die Buße. Die Lehre von der Himmelfahrt in rein geistigem Sinne wurde nicht verstanden und zu einem Glauben an die Auferstehung und Himmelfahrt des physischen Körpers entwickelt. Dieses mit theologischer Unterstützung geförderte Missverständnis ist dafür verantwortlich, dass viele, die diese Dinge im physischen, materiellen Sinne nicht zu fassen vermögen, auch viele andere Lehren der christlichen Kirche ablehnen.

Die Beschreibungen der Himmelfahrt, wie sie in den Büchern des Markus und Lukas geboten werden, weichen etwas voneinander ab. In der einen Fassung lesen wir: „Jesus wurde in den Himmel aufgenommen." Und in der anderen lautet die Stelle: „Segnend schied er von ihnen und fuhr in den Himmel auf." Die Apostelgeschichte berichtet: „Er ward in den Himmel aufgenommen, und eine Wolke hüllte ihn ein vor ihren Augen." Wenn wir diese drei Berichte sorgfältig betrachten, bemerken wir, dass „Jesu Wegnahme durch die Wolke" eine spirituelle Bedeutung hat, die allen Anhängern der Mystik ohne weiteres klar ist. Bei den heutigen Meistern von Tibet, Ägypten und Indien, auch in der Arbeit der Bruderschaft der westlichen Welt, ist die Bildung von Wolken oder nebelartigen Gebilden, die, aus dem Unsichtbaren heraus erzeugt, eine Person durch Umhüllung unsichtbar machen sollen, eine häufig vollzogene Demonstration, um die Wirkung kosmischer und geistiger Gesetze zu beweisen. Ich will damit nicht sagen, dass die Wolke, die sich auf Jesus herabsenkte und ihn vor den Augen der Jünger verbarg, von derselben Art war, wie die mystische Wolke, die die heutigen Meister um sich ziehen, um sich zu verbergen oder zeitweise zu verschwinden. Ich glaube, dass das Verschwinden Jesu einzig war in seiner Art und sich seit jener Zeit bei keinem Meister oder Avatar wiederholte. Aber ich möchte darauf hinweisen, dass ein Verschwinden dieser Art nicht unbedingt mit dem Glauben verbunden sein muss, Jesus habe sich in und mit der Wolke physisch oder geistig zum Himmel erhoben. Die Schreiber der biblischen Evangelien beobachteten, wie die Wolke sich erhob und zeichneten den Vorfall in der Darstellung auf, als ob Jesus sich mit der Wolke erhoben hätte. Da sie ihn nach dem

Aufsteigen der Wolke nicht mehr sahen, war es für sie nur natürlich, dass Jesus in der Wolke aufgefahren war.

Beim Durchlesen der alten Urkunden finden wir, dass auch die Anhänger Krischnas, der gekreuzigt und vom Tode errettet wurde, glaubten, er sei zum Himmel aufgefahren. Die alte Beschreibung sagt, dass ihn bei seiner Himmelfahrt ein großes Licht einhüllte, in dem er verschwand. Sie nahmen auch an, dass Krischna mit demselben Licht zum Himmel zurückkehrte, in dem er von dort zur Erde gekommen war. Auch Buddhas letztes Zusammentreffen mit seinen Jüngern auf der Spitze eines Berges verlief nach den Urkunden so, dass ein großes Licht ihn umgab und er im Lichtglanze verschwand. Buddhas Anhänger behaupten, dass er sich in himmlische Regionen erhob und zeigen Jahrhunderte nach diesem Ereignis den Pilgern noch die Eindrücke seiner Füße im Felsen. Nach den vorchristlichen Berichten glaubte man auch von Zoroaster, einem anderen großen Avatar, dass er am Ende seiner irdischen Laufbahn zum Himmel aufgefahren sei. Die Ägypter aber feierten lange Zeit vor der christlichen Ära die Auferstehung und Himmelfahrt des Adonis. Tatsächlich wurden diese Festlichkeiten zu Ehren des Adonis in Alexandria, also in Ägypten, der Wiege des Christentums, noch im Jahre 412, als St. Cyrios Bischof von Alexandria war, festlich begangen, desgleichen auch in Antiochia, der alten Hauptstadt der Griechenkönige Syriens in der Zeit des Kaisers Julian, 361 bis 363 nach Christi Geburt. Auch die Kinder Israels verehrten Adonis unter der jüdischen Benennung Tammuz. Es gab sogar einen Altar seines Namens im Tempel Gottes zu Jerusalem. Verschiedene Psalmen Davids bildeten Teile der Liturgie der Tammuzverehrung. Zu diesem Punkt bemerkt Dr. Parkhurst, eine hervorragende jüdische Autorität, in seinem „Hebräischen Lexikon": „Ich fühle mich vor mir selbst verpflichtet, auf Tammuz wie auch auf den griechischen und römischen Herkules hinzuweisen, als auf jene göttlich Verehrten, die ursprünglich für den versprochenen Erlöser, die Hoffnung aller Nationen – Christus Jesus – gehalten worden waren. Tammuz' anderer Name „Adonis" entspricht im Hebräischen ungefähr dem Ausdruck „Unser Herr" und war von jeher ein bekannter Titel für Christus."

Wenigstens zwanzig Avataren und göttlich verehrten Personen spricht man in den alten Schriften die Auferstehung aus der Mitte der Toten (nicht vom Tode!) und die Himmelfahrt als abschließendes Ereignis ihrer öffentlichen Laufbahn zu. In den meisten Fällen aber wird kein Anhaltspunkt dafür gegeben, dass das Verschwinden eines Avatars aus der Öffentlichkeit und der Aufstieg seines Geistes ins unsichtbare Reich ein körperliches Auffahren zum Himmel oder ein Aufgeben des physischen Lebens auf der Erde darstellte. Wir erkennen, dass in den alten Lehren über die Avatare die Betonung immer darauf gelegt wurde, dass der Heilige Geist oder das spirituelle Licht des Avatars zu „Gott oder nach den himmlischen Regionen zurückkehrte“ und „sein irdisches Licht erlosch“. Jene alten Völker, die das Christentum „Heiden“ nennt, verstanden die Worte, dass sich der Avatar erhob oder verschwand, nie anders als im Sinne eines Sich-Zurückziehens vor den Augen der Öffentlichkeit, im Gegensatz zur christlichen Anschauung der Auferstehung und Himmelfahrt des Leibes in seiner physischen Wesenheit. Dieses Dogma war in den Lehren der frühchristlichen Kirche nicht enthalten, sondern wurde, wie in einem früheren Kapitel bereits ausgeführt, neben anderen neu erfundenen oder als theologisch notwendig erachteten Glaubenssätzen in späteren Jahrhunderten den ursprünglichen Lehren beigefügt. Gerade diese Änderung der Auffassung über das Wesen der Auferstehung und Himmelfahrt Christi hat in neuerer Zeit viel Widerspruch gegen die Annahme der christlichen Lehre in ihrer Gesamtheit ausgelöst.

Das die öffentliche Mission und Arbeit abschließende Zurücktreten Jesu aus dem öffentlichen Leben war keineswegs der Abschluss seines Erdendaseins im physischen Körper. Das wird mit großer Bestimmtheit in so vielen zuverlässigen alten Urkunden berichtet, dass der Versuch der heiligen Väter, aus Jesu Himmelfahrt eine physische Tatsache zu machen und sie als das Ende seiner irdischen Laufbahn zu verkündigen, größte Verwunderung auslösen muss. Auch in vielen Erörterungen der kirchlichen Konzile der ersten Jahrhunderte n.Chr. finden sich Angaben berühmtester Autoritäten, denen zu entnehmen ist, dass Jesus noch als Fünfzig-, Sechzig- und

Siebzigjähriger lebte. In den viele Jahre hindurch eifrig betriebenen Verhandlungen über die apostolische Nachfolge wurden viele Beweisstücke in Form von Schriften und mündlichen Überlieferungen unterbreitet, aus denen hervorging, dass Jesus nach der Himmelfahrt mit seinen Aposteln arbeitete. Erst nachdem die hohen Konzile sich dafür entschieden hatten, alle Hinweise auf die nach der Himmelfahrt ausgeübte Tätigkeit Jesu zu beseitigen und festzulegen, dass die Himmelfahrt der Höhepunkt seiner physischen Existenz gewesen sei, schien die Lehre von der Auferstehung und Himmelfahrt im körperlich-physischen Sinne eine theologische Notwendigkeit geworden zu sein.

Die alten Urkunden der Großen Weißen Bruderschaft und andere Dokumente in den Rosenkreuzer-Archiven zeigen deutlich, dass Jesus viele Jahre in klösterlicher Zurückgezogenheit zu Karmel lebte, mit seinen Aposteln geheime Sitzungen abhielt und sich selbst neben Meditation und Gebet der Formulierung jener Erkenntnisse und Lehren widmete, die seine Apostel der Welt verkünden sollten.

Die ursprünglichen zwölf Apostel Jesu waren sämtlich aus den in Galiläa wohnenden, so genannten Ungläubigen ausgewählt worden. Vielleicht fiel es bei der Betrachtung des Lebens der Apostel manchen gar nicht auf, dass sämtliche Apostel zur Zeit ihrer Berufung in Galiläa wohnten, um dort das geheime Konzil der christlichen Bewegung zu bilden. Von den Zwölfen waren alle außer Lebbäus und Judas Mitglieder der Essener-Bruderschaft. Judas und Lebbäus waren Juden, hatten sich aber die religiösen Anschauungen der so genannten Ungläubigen zu Eigen gemacht, viele jüdische Lehren aufgegeben und waren dadurch in den Augen der Juden zu Ketzern geworden. Nach dem Tode Judas´ und anderer wurden die freien Stellen im Konzil von einigen, durch das Konzil selbst gewählten Mitgliedern der Essener-Bruderschaft besetzt. Das Konzil der Apostel tagte im Kloster. Zum Zwecke der täglichen, in der apostolischen Schule oder Hochschule abzuhaltenden Sitzungen, lebten die Mitglieder in der Umgebung des Klosters. Dieses Kollegium oder diese Schule bildete das Vorbild für später gegründete, ähnliche Einrichtungen der katholischen Kirche.

Nach den Urkunden erschien Jesus wöchentlich einmal vor den Aposteln, wenn am Sabbat eine mystische Zeremonie abgehalten wurde und alle an einem symbolischen Festakte teilnahmen. An den übrigen Tagen wurden verschiedene, von den Hohepriestern des Klosters geleitete Sitzungen abgehalten, um die Apostel für ihr Werk zu belehren.

Diese Phase des Werkes Jesu und seiner Apostel bildet den großen unbekannten Abschnitt seines Erdendaseins. Nur einige überragende Tatsachen sind in den Urkunden über die letzten Jahre seines Lebens und seines Verkehrs mit den Aposteln aufgezeichnet. Nach etwa zehn Tagen der Zurückgezogenheit Jesu vom öffentlichen Leben waren die Apostel in Jerusalem anwesend, um die erste Sammlung der Gemeinde vorzunehmen, die christliche Bewegung zu organisieren und als „christliche Kirche" bekannt zu machen.

Jesus selbst nahm an der Gründung dieser Bewegung nicht teil. Die Apostel hatten nach den Urkunden in ihrem Bestreben, in einer öffentlichen Versammlung die Befestigung der christlichen Lehre fortzusetzen, eine solche außergewöhnliche Anteilnahme, wie sie sich zeigte, nicht erwartet. Aber die Kraft des Heiligen Geistes wurde in einer Weise offenbar, dass die Begeisterung der Menschen und die Gebete und Ausrufe der Bußfertigen die allgemeine Aufmerksamkeit erregten und sogar die Spötter auf den Plan riefen. Deshalb war es notwendig, das Werk der Apostel nach einer ganz bestimmten Richtung hin zu organisieren, es unter einem bestimmten Namen zusammenzufassen und einen Ort für die regelmäßigen Versammlungen der Gemeinschaft zu bestimmen. Nichts in den Urkunden lässt erkennen, ob Jesus den Plan billigte oder ihm überhaupt Beachtung schenkte. Seine Verbindung mit der Öffentlichkeit war gelöst und sein Interesse galt allein der Belehrung und Führung der Apostel zu ihrer persönlichen Entwicklung und zum Verstehen seiner Lehren für die Durchführung ihres Werkes. Seit bei der Himmelfahrt Jesu der Heilige Geist über die Apostel gekommen war und ihnen Macht und Einfluss zur Weiterführung des Werkes im Sinne und Geiste seines bisherigen Wirkens verliehen hatte, betrachtete Jesus die Apostel als seine Nachfolger und öffentliche Boten. Soweit wir nach den Urkunden urteilen können, scheinen sie für die Pläne zur Förderung und Ausbreitung ihres Werkes in der Öffentlichkeit keinerlei Richtlinien von Jesus erhalten zu haben.

Nach Ablauf eines Jahres hatte die christliche Bewegung bereits einen solchen Umfang angenommen, dass die Errichtung eines „inneren Kreises" für die Erhaltung der christlichen Lehren und die Bewahrung bestimmter Traditionen und Symbole notwendig wurde. In dieser Zeit wurde auch das Kreuz als christliches Symbol angenommen, seltsamerweise aber nicht mit dem gekreuzigten Körper des Heilandes, sondern mit einer Rose.

Die Essener-Bruderschaft als Teil der Großen Weißen Bruderschaft hatte das Kreuz schon immer als Symbol verwendet. Seine Einführung als mystisches oder esoterisches Zeichen geschah in den Tagen Amenhoteps IV., des Pharaos von Ägypten. Er benutzte das Kreuz in seiner mystischen Schule als Sinnbild des mit ausgebreiteten Armen gedachten, menschlichen Körpers, behaftet mit allen Leiden und Versuchungen des irdischen Lebens. Zur Kreuzigung wurde in damaliger Zeit das Kreuz noch nicht gebraucht, im mystischen Sinne aber überall da, wo der Körper des Menschen mit ausgestreckten Armen die Verwendung des Zeichens nahe legt. Dies ist besonders angesichts der Sonne bei ihrem Aufgang so, wenn bei der üblichen mystischen Begrüßung am Morgen der auf den Boden geworfene Schatten des menschlichen Körpers die Form eines Kreuzes zeigt. Eine flüchtige, unreale Erscheinung von kurzer Dauer, versinnbildlicht dieser Schatten so recht die Vergänglichkeit des menschlichen Körpers und die Nichtigkeit des irdischen Lebens. In vielen alten Schriften der mystischen Schulen Ägyptens, sogar in Hieroglyphen an den Wänden dieser Schulen, finden wir das Kreuz in Verbindung mit anderen esoterischen Zeichen eingezeichnet oder eingemeißelt.

In der Zeit zwischen der Annahme des Kreuzes als Symbol des menschlichen Körpers und der Entstehung der christlichen Kirche wurde dem Kreuz als zweiter wesentlicher Bestandteil des mystischen Zeichens eine Rose beigefügt. Die Rose wurde wegen ihrer allmählichen Entfaltung, ihres lieblichen Dufts, ihres Farbenreichtums und ihrer herrlichen Erscheinung mit der Entwicklung der menschlichen Seele verglichen. Nach ihrer Hinzufügung zum Kreuze war die Bedeutung der vereinigten Symbole folgende: „Die Seele des Menschen entwickelt sich und wird an Erfahrungen und Erkenntnissen reich durch die Leiden, Versuchungen und Drangsale des Leibes und die Wechselfälle des irdischen Lebens." Daher galten Rose und Kreuz als Sinnbild geistiger Entwicklung durch natürliche menschliche Erfahrung. In dieser mystischen Symbolik können wir einen treffenden Grund für die Verbindung von Rose und Kreuz zum Wahrzeichen der christlichen Kirche erkennen. In der weiteren Entwicklung des Christentums wurde Jesus vielfach selbst „Rose", „Rose von Sharon", die „treffliche Rose" oder die „Heilige Rose" genannt. Von vielen wiederum wird die Kreuzrose sinnbildlich angewandt, um die Seele Jesu am Kreuze in ihrer Schönheit und Reife ohne die Schrecken der Kreuzigung darzustellen. Erst viele Jahrhunderte später beschlossen die heiligen Väter auf ihren hohen Konzilen, den am Kreuz befestigten Leib des Herrn als Wahrzeichen der Christenheit festzusetzen.

Der Innere Kreis der christlichen Kirche bildete zur Erhaltung des Heiligen Symbols des Kreuzes eine kämpferische Organisation, deren späterer Name in lateinischer Übersetzung Militia Crucifera Evangelica lauten würde. Diese Vereinigung mit auserwählten Vertretern und Führern in jedem einzelnen Lande hatte die Aufgabe, das heilige Zeichen vor unbefugter Führung durch andere Organisationen, besonders aber vor Missbrauch und Schändung jener zu schützen, deren Anschauungen den christlichen Prinzipien widersprachen. Zu dieser Organisation gehörten auch die Hospitaliter, die Kreuzritter und andere Vereinigungen, die sich die Aufgabe gestellt hatten, humanitäre Bestrebungen im Namen des Kreuzes und der Christusprinzipien durchzuführen. Jahrhundertelang stellte die Organisation eine sehr geheime, wenig bekannte Körperschaft von einigen hundert Männern dar, welche die Tätigkeit einer Anzahl verwandter Vereinigungen überwachten und leiteten. Während der für die Befreiung des Heiligen Landes aus den Händen der Ungläubigen und Heiden veranstalteten Kreuzzüge leitete und überwachte die Militia die wichtigsten Tätigkeiten der Armeen. Nach mehreren Jahrhunderten gestaltete sich die Organisation zu einer paritätischen Körperschaft der Verteidigung des Kreuzes. Dies geschah auf dem zum 27. Juli 1586 durch Heinrich IV. von Frankreich nach Lüneburg einberufenen Konvent, an dem sich außer dem König von Frankreich auch die Königin Elisabeth von England, der König von Dänemark und die Regenten anderer Länder beteiligten. Auf diesem Konvent wurden die alten Urkunden der Organisation enthüllt, ihre Doktrinen sowie jene der Essener-Bruderschaft und der Großen Weißen Bruderschaft einer Überprüfung unterzogen und als Regeln, Ordnungen, Lehren und Gebräuche der Militia angenommen. Alle diese Dinge wurden sodann in einem im Jahr 1604 fertig gestellten, über 2000 Buchseiten umfassenden Werke zusammengefasst und offiziell als „Naometria" bezeichnet. Die Militia aber gestaltete sich zu einer Organisation zur Verhütung weiterer Kriege und zur Bekämpfung aller Formen der Verfolgung im Namen der Religion. Die Verleihung der Mitgliedschaft in der Militia bedeutete eine Ehrung und wurde für ungewöhnlichen, ausgezeichneten Dienst zu Gunsten der reinen Symbolik des Kreuzes und zum Nutzen der mystischen und religiösen Entwicklung des Menschen verliehen.

Nach der von den Aposteln in Palästina vorgenommenen Errichtung des Inneren Kreises der christlichen Kirche wurden einzelne Mitglieder abgeordnet, in fremde Länder zu gehen, um die neue Lehre zu verbreiten. Petrus wurde nach Jerusalem, Antiochien und Rom gesandt. Johannes konzentrierte seine Tätigkeit nach vorübergehender Missionsarbeit in Jerusalem auf die Gründung einer Kirchengemeinde zu Ephesus. Jakob der Ältere wirkte hauptsächlich in Jerusalem. Paulus förderte das Werk in Antiochien, Iconium, Lystra, Derbe, Droas, Philippi, Thessalonica, Börea, Athen, Korinth und anderen Städten. Die übrigen Apostel betätigten sich zunächst als Helfer in den neu gegründeten Kirchengemeinden, später aber in anderen Ländern, sodass die christliche Kirche unter den fortgeschrittensten Nationen Platz griff.

In der Zwischenzeit entwarf und vervollständigte Jesus die während der Tage seines Christus-Seins durch Inspiration erhaltenen

Doktrinen und Lehren und skizzierte sie in der Stille seines Sanktums für die Hohepriester und Apostel, die ihn von Zeit zu Zeit besuchten und befragten.

Die meisten Doktrinen und Lehren wurden von den Aposteln, besonders aber von den Hohepriestern der Bruderschaft aufbewahrt. Diesen Schriften hat die Bruderschaft viele Lehren entnommen, die sie jetzt auf der ganzen Welt benutzt. Eine Zusammenfassung der geheimen Lehren Jesu, dargeboten in seinen öffentlichen und privaten Sitzungen mit den Aposteln, Jüngern und Führern der Bruderschaft, bildet einen wundervollen Band mit Grundlagen metaphysischer und spiritueller Gesetze. Eine rechtzeitige Übergabe derselben an die Öffentlichkeit würde für jeden Studierenden der christlichen Lehren und der Mystik von unschätzbarem Wert sein.

Die Transition, das Hinscheiden des Meisters Jesus, ist in den alten Urkunden aufgezeichnet. Er verschied friedlich in Anwesenheit der Mitglieder der Bruderschaft im Kloster zu Karmel. Sein Leichnam verblieb mehrere Jahrhunderte in einer Gruft des Berges, wurde aber schließlich nach einem geheimen Grab weggebracht, bewacht und beschützt von seinen Brüdern.

So endet die Geschichte des Großen Eingeweihten – des Messias und Gottessohnes – des Amens der Welt, des Herrn und Erlösers.

Wie man die Taube, die Sonne und die Schlange als Symbole an einem Kreuz anbrachte, so geschah dies auch mit der Rose als einem Symbol der Kreuzigung. Die Rose am Kreuze wurde das Symbol der Rosenkreuzer, war aber bereits vor ihrer offiziellen Annahme als universales Emblem bei den verschiedenen Zweigen der Essener und bei der Großen Weißen Bruderschaft in Gebrauch. Das Emblem der alten Templer war eine nach dem Vorbilde der Essener am Kreuze befestigte rote Rose. In einigen alten mystischen Manuskripten finden sich Hinweise auf die zur Erlösung der Menschen am Kreuz befestigte Rose, Lilie, Padma, Pena und des Lotus. Jesus Christus wurde häufig als „Rose" oder als „Rose von Sharon, auch die „Rose der Isuren" bezeichnet. Daraus erkennen wir den Zusammenhang des Rosenkreuzer-Emblems mit der alten christlichen Mystik.

In diesem Buch taucht öfters der Name „Rosenkreuzer“ auf.

Was sind die Rosenkreuzer?

A. M. O. R. C. – Die Rosenkreuzer ist eine philosophisch-mystische Vereinigung, die sich zum Ziel gesetzt hat, die höheren Gesetze der Natur und des Kosmos zu erforschen. Es geht um eine praktische Lebensphilosophie, die sowohl eine schriftliche Belehrung als auch eine mündliche Unterweisung vorsieht. Viele suchende Menschen gehen diesen Weg heute wie vor Hunderten von Jahren. Die Übermittlung der Lehre ist der modernen Zeit angepasst und geschieht in ihrer Grundform auf schriftlichem Wege durch Übermittlung der Studienschriften. Hier kann der Studierende zuhause, durch die Einrichtung einer regelmäßigen Studienstunde an einem besonders vorbereiteten Platz, sich auf den Weg durch die Studiengrade machen.

Zusätzlich kommen viele Studierende des Rosenkreuzes zu besonderen Begegnungen in einer der in vielen größeren Städten eingerichteten Städtegruppen zusammen. Dort wird der rosenkreuzerische Geist gepflegt. Auch Gäste können hier unverbindlich einen Eindruck davon gewinnen, welche Themen hier behandelt werden. Darüber hinaus kann man an ständig stattfindenden Seminaren teilnehmen, die in der Regel besonderen Betrachtungen gewidmet sind, um sich den traditionellen rosenkreuzerischen Denkmodellen anzunähern, die seit alters her die geistigen Grundlagen der Rosenkreuzer-Lehren sind. Ebenfalls finden von Zeit zu Zeit überregionale Kongresse statt, bei denen die Lehren und die vielfältige Symbolik der Rosenkreuzer vertieft werden.

Rosenkreuzer, die den Einweihungsweg des A.M.O.R.C. beschreiten, findet man in allen Altersstufen, in allen gesellschaftlichen und beruflichen Schichten. Auch finden sich Menschen, die den Weg des A.M.O.R.C. beschreiten, in den verschiedensten Religionen oder gehören keiner Religion an. Dies obliegt der Entscheidung des Einzelnen.

Wohl gibt es rosenkreuzerische Regeln, doch kennt A.M.O.R.C. keine dogmatischen Zwänge; denn dies widerspräche der rosenkreuzerischen Ethik, die besagt, dass kein Mensch zu etwas gezwungen werden darf. Ganz im Gegenteil soll der Weg des Rosenkreuzes den Menschen von Zwängen befreien, denen die meisten Menschen oft unbewusst unterliegen.

Wenn der Mensch sich entwickeln soll, so kann dies nur über seine freie Entscheidung geschehen. Zur Freiheit des Geistes zu verhelfen, ist eine der primären Aufgaben, die sich die Rosenkreuzer auferlegt haben – wohl wissend, dass menschliche Freiheit ohne Verantwortung keine wirkliche Freiheit wäre. Wenn der Mensch es erreicht hat, ein so bewusst wie möglich handelndes Wesen zu werden, dann hat er den Weg angetreten, um die Welt so wahrzunehmen, wie sie tatsächlich ist. Dies ist eine der Grundregeln, die allen rosenkreuzerischen Lehren zugrunde liegt.

A.M.O.R.C.
Lange Straße 69
D-76527 Baden-Baden
Tel. 07221-66041
Fax: 07221-66044
www.rosenkreuzer.de